U0726576

读客文化

EROBERER DER MEERE

Krieger, Händler und Entdecker
von der Antike bis heute

航海改变世界

[德] 雅恩·M.维特 著

王硕 译

北京日报出版社

图书在版编目（CIP）数据

航海改变世界 / （德）雅恩·M. 维特著；王硕译
. -- 北京：北京日报出版社，2022.9
ISBN 978-7-5477-4335-5

Ⅰ.①航… Ⅱ.①雅…②王… Ⅲ.①航海－交通运
输史－世界－通俗读物 Ⅳ.① F551.9-49

中国版本图书馆 CIP 数据核字 (2022) 第 103736 号

© 2014 Palmedia Publishing Services,Berlin,Germany
All images: © Interfoto, Munich,Germany.
The simplified Chinese translation rights arranged through Rightol Media
(本书中文简体版权经由锐拓传媒取得Email:copyright@rightol.com)。

中文版权：© 2022 读客文化股份有限公司
经授权，读客文化股份有限公司拥有本书的中文（简体）和图片版权
图字号：01-2022-3766

航海改变世界

作　　者：	［德］雅恩·M. 维特
译　　者：	王　硕
责任编辑：	曲　申
特约编辑：	王　珺　　乔佳晨　　黄巧婷
封面设计：	张王珏
出版发行：	北京日报出版社
地　　址：	北京市东城区东单三条8-16号东方广场东配楼四层
邮　　编：	100005
电　　话：	发行部：（010）65255876
	总编室：（010）65252135
印　　刷：	河北中科印刷科技发展有限公司
经　　销：	各地新华书店
版　　次：	2022年9月第1版
	2022年9月第1次印刷
开　　本：	710毫米×1000毫米　1/16
印　　张：	16.5
字　　数：	183千字
定　　价：	99.90元

前　言

　　有史以来，海洋带给人类无穷的诱惑。人们既惧怕它，又热爱它。每一个生活在海边、海上，或者靠海谋生的人，都敬畏这无人可以驾驭的自然力量。从古典时期起，海洋就已经作为运输和交流的途径为人类服务：原料、商品、思想、信仰，当然，还有军队和疾病，由此被传到了海的另一边。这些都是人类历史的重要组成部分。

　　在古典时期，大多数欧洲航海者的线路还局限在地中海。而到了中世纪，航海范围已经扩大到了北海（位于大西洋）和波罗的海。之后，随着通往美洲和印度的新航线的发现，人类的航海史开启了一个新时代。不仅如此，很多历史学家甚至把1492年哥伦布发现美洲这一事件定为中世纪和近代早期的分水岭，由此开始了全世界范围的欧洲殖民时期。从18世纪开始，殖民者就通过他们的帆船舰队进行了激烈的征战，战争不仅限于欧洲的水域，还发生在加勒比海和印度洋。

　　到了20世纪，海洋成了人类历史上最惨烈的两次战争的主要现场。在第一次世界大战中，德国和英国的海军在大西洋的北海进行了当时史上最大规模的海战，规模上能超越这次海战的恐怕只有后来第二次世界大战

期间的大西洋海战了。当时德国海军试图摧毁由英国皇家海军守卫的船队，因为该船队的任务是向大不列颠岛运送急需的食品和物资。此外，在1941—1945年的太平洋战争中，日本和美国从一开始就以各自的海洋战略为基础发动战争。幸运的是，如今大部分的海洋在为和平服务，超过90%的世界贸易，包括德国海外贸易的很大一部分都是通过海运进行的。

本书将向您讲述一段扣人心弦的航海史。和以往的航海史书相比，本书的不同之处在于，它并非专注于航海路线、海船的吨位数量，或者海港的物流状况。它也不是一部纯粹的海洋战争史，所以不会有战略、火炮及舰队数量的详尽统计和列表。这本书的重点在于人。接下来的几个章节将向您讲述从古典时期开始至20世纪，几位重要航海家的生平历史，也可以说是几位探险家、海军上将和海盗的传记。他们当中不乏哥伦布、麦哲伦或纳尔逊这样的知名人士，也有相对不为人知或者被遗忘的名字，但即使被遗忘，他们的故事仍然值得我们再次发掘和探究，因为他们都代表着各自生活的时代，其中有的人甚至通过参与航海探险或者征战而改变了历史进程。在此，我祝您从这些人物故事中，在跨越2500年的航海史中得到阅读的乐趣。

雅恩·M.维特

目录

第一章

生存即航海：
古典时期的航海家

地米斯托克利：
萨拉米斯战役的胜利者

皮西亚斯：
一位考察北欧的希腊人

马库斯·维普撒尼乌斯·阿格里帕：
奥古斯都的海军上将

🚢 绘于 19 世纪的罗马战船。

地米斯托克利：
萨拉米斯战役的胜利者

萨拉米斯战役结束了。放眼望去，到处都堆满了船的残骸、断裂的船桨和横在水里的尸体。希腊诗人埃斯库罗斯参加了这场战役，当看到战后萨拉米斯海湾的这一幕时，他是如此描述的："水里全是破船的残体和已毙命的男人，已经看不到海洋了。"公元前 480 年 9 月 29 日那天，希腊人在这里赢得了当时世界上最大规模的海战，战败的波斯人因此感受到了前所未有的耻辱。

这场胜仗的精神领导者是来自雅典的政治家和谋略家——地米斯托克利。他出生于约公元前 524 年，父亲涅奥克利斯出身于吕克米登家族，即希腊文化中心所在地阿提卡地区有名望的贵族。但他的母亲并非雅典人，她极有可能来自巴尔干半岛的色雷斯，或者小亚细亚海岸的卡里亚。

公元前 493 年，地米斯托克利被选举为雅典市首席执政官。作为雅典最高执政者之一，他掌控着由 9 位成员组成的执政委员会，并且在名义上是所有希腊城邦的元首。但是，他执政后就出现了外交危机。公元前 500 年，小亚细亚的希腊殖民地和城邦曾发起反抗波斯人统治的抵抗运动，即伊奥尼亚起义，雅典和位于埃维亚岛的埃雷特里亚城对这些起义的城邦提供了援助。当时的危机是，波斯帝国国王大流士一世会因此对希腊进行军

萨拉米斯战役被誉为古典时期规模最大的海战。威廉·瑞内（1852—1936）的这幅画作展现了一位波斯海军上将阵亡的场景。

3

事报复，地米斯托克利也料定波斯人会采取进攻。他坚信，击败波斯人的最佳武器是一支强大的海军舰队。由此，作为首席执政官，地米斯托克利并没有选择近处但未设防的法勒鲁姆港，而是命人把离雅典8公里远、易守难攻的比雷埃夫斯的岩石海湾扩建成军用港口。

当波斯人终于发动进攻时，米太亚得——雅典保守派贵族的领导人物、地米斯托克利在政坛的反对者——成了保卫希腊的领袖。公元前490年，一支由雅典和普拉提亚城邦的公民组建的联军在米太亚得的指挥下，在马拉松平原以少胜多，击败波斯军队，并取得了决定性胜利。波斯撤军后，希腊人的危机似乎也随之而去。

但有一个人仍然不放心，他就是地米斯托克利。他和以往的雅典政客一样，作为首席执政官的任期（一年）满了之后，成了"亚略巴古"（Areopagus，即雅典战神山议事会成员）。地米斯托克利坚信波斯人不会善罢甘休。倘若波斯人真的卷土重来，希腊军队能否再现马拉松战役的胜利，地米斯托克利对此深表怀疑。他认为，要想避免被波斯人占领，希腊唯一的机会是切断波斯军队的后援，因为波斯如此庞大的军队肯定需要大量粮食供给。鉴于陆地崎岖的地形和糟糕的路线，波斯军队的大部分粮食供给将通过海上运输。地米斯托克利确信，取得胜利的关键在于建立一支强大的海军。

但问题是，当时的希腊还不具备足够的战船以抵抗波斯军队及其同盟。因此，地米斯托克利打算把当时拥有70艘战船的雅典海军扩充2倍，甚至3倍。但出于经济和政治上的考虑，他的建议被拒绝了。打造新的战船会花费太多钱，雅典的富人们都不想缴纳更多的税。并

且，此举将会让之前还没有征召入伍的贫
民阶层进入政治领域，因为雅典将需
要他们成为新战船的掌舵人。
当时，政治权力和军事能力
密不可分：只有对保卫城
邦作出贡献的人，才
有资格参政。

尽管
地米斯
托克利拥
有非凡的才华和政治远见，但
他显然是个缺乏个人魅力的人。
不过，他仍坚持不懈地提倡扩建
海军。终于在公元前 483 年，
地米斯托克利在政治方面取
得了重大成功，再次出任执
政官，并因为在属于雅典
城邦的劳里昂矿山发现了大
量银矿，他成功地说服了雅典人，
使得这笔意外之财不像以往那样分给
雅典市民，而是用于建造 200 艘新战
船。这是一项宏大的工程：建立造船
厂，运输材料，招募工匠，最后还
要为新战船训练水兵。但地米斯托克

根据传统的雅典制度，地米斯托克利原不能拥有
政治职位，因为他的母亲不是土生土长的雅典人。但公元
前 508 年克利斯提尼改革扩大了参政的市民阶层范围，他才得以有机会进入政坛。

利仍然完成了这项壮举。

就在此之前，希腊人发明了一款新型战船，这种战船带有三层桨座，在速度、灵巧程度和战斗力方面都有明显优势。同以往的两层桨座战船相比，这种新型战船（在希腊语中称为"三桨船"）多了一层桨座，这些船桨从船舱伸到船外，和今天划艇比赛用的赛艇类似。这样一来，就可以在不加长船身的基础上，大大提高船的速度和攻击性能，且避免船的稳定性受影响。此外，三桨船最重要的武器是位于船头的铜质撞角。

还没等新增的水手训练完毕，地米斯托克利警告的危机就已经得到了证实：公元前480年，大流士一世的继承者薛西斯一世带领由36万人组成的陆军，在强大海军的支援下入侵希腊。同时入侵的还有义务参战的波斯省份，以及波斯帝国的同盟者。因此，除了面对腓尼基人的骑兵，希腊人还要面对阵营中来自伊奥尼亚的战船，尽管这些人并不情愿站在波斯人那一边。

然而，希腊各城邦的态度并不统一。来自北部和中部的大部分城邦决定向波斯投降，还有几个城邦选择保持中立，其他城邦则决定在斯巴达、雅典和科林斯的带领下进行抵抗。古希腊著名历史学家希罗多德是如此评价这次战争的：勇敢的雅典人"承担了这次迎战的风险"。希罗多德的巨著《历史》是有关这次战争最主要的史料，他笔下的雅典人并没有被不利于自己的预言吓倒，他们向众神请示，并在德尔斐圣地询问先知。但是他们得到的预言并不明确，那位先知一方面预言了城市的毁灭，同时又建议市民躲在木质的城墙后面。人们针对这次预言的具体意义讨论了很久，最后，地米斯托克利的解释占了上风。他将先知的话应用于舰队，并告知雅典人，胜利的关键不在于陆地，而在于海洋。在如此危急的情况下，人们不再顾及对地米斯托克利的反感，他们相信他和他的判断，并推举他为雅典海军的首领。

至此，200 艘三桨船基本可以应战，斯巴达和它的同盟城邦也赞同地米斯托克利的战略计划，并提供了150 艘三桨船。但是，海军的总司令并不是地米斯托克利，而是来自斯巴达的欧里比亚德斯，因为有几个城邦拒绝在雅典将领的领导下参战。

新上任的希腊海军总司令决定，不必等待敌人到来，而是主动攻击敌方海军前锋，以减弱他们的战斗力。由此展开了一系列海战，但效果都不明显。之后的天气变化助了希腊人一臂之力：一次严重的风暴击沉了波斯人的部分战船。可即便如此，波斯大帝的海军在数量上仍超过希腊。后来，希腊的三桨船在埃维亚岛北部的亚德米西林角再次挑起海战，但在经历了一场激烈战斗后被迫撤退。

在陆战方面，希腊也处于劣势。由于希腊阵营内有人泄露军机，薛西斯一世的军队成功进入战略地位极其重要的温泉关隘口。斯巴达国王列奥尼达一世带领 6000 名战士奋力抵抗，但仍以失败告终，整个希腊中部地区随后落入波斯人手中。雅典居民们在地米斯托克利的劝导下离开了这座已经失去防御能力的城市，逃往距离比雷埃夫斯仅 2 公里的萨拉米斯岛。所有身强力壮的男人都驾驶着战船，他们刚一撤离雅典，薛西斯一世和他的军队就到达了。军队把阿提卡半岛洗劫一空，并且如先知所预言的那样，把雅典夷为平地。

鉴于这种已经看似希望不大的情况，希腊海军将领们最后决定，在科林斯地峡（伯罗奔尼撒半岛和希腊陆地之间的狭长地带，萨拉米斯岛就位于该地峡间）等待波斯海军。但是地米斯托克利担心此举会令希腊海军军心涣散。任何一支海军部队恐怕都想保卫自己的家园。他建议，把决战地点转移到萨拉米斯岛与希腊本土间狭窄的海峡中，因为即便波斯军队在数量上占上风，狭长的水域也会对希腊人更加有利。根据希罗多德的描述，地米斯托克利通过一场感人的演讲，不但说服了欧里比亚德斯，还令其他海军将领也接受了他的计划。

但是希腊人依然十分紧张。在第二次会晤中，斯巴达及其同盟决定放弃地米斯托克利的计划，保卫整个科林斯地峡。在这种情况下，地米斯托克利不得不使用计谋，迫使摇摆不定的希腊人全身心投入战争。他派心腹把消息转达给薛西斯一世：希腊人正准备撤离且内部矛盾开始激化，倘若波斯人马上发起进攻，将有一部分希腊人向波斯投降。

⛵ 由于不会游泳，很多波斯人在萨拉米斯战役中丧生。而一些希腊人之所以能够得救，全在于他们通过游泳到达了萨拉米斯岛海岸。

很明显，薛西斯一世上钩了。他命令海军出发，先占领比雷埃夫斯海港和萨拉米斯岛之间的普斯塔利亚小岛，然后命令部分海军封锁萨拉米斯西部的海岸——这部分海岸紧靠墨伽拉，可以从后面袭击希腊军队——其

他波斯海军则直接从正面进攻。

得知波斯军队出发的消息，希腊人也开始准备应战。公元前480年9月29日拂晓，希腊军队奔赴战场。波斯军队几乎同时出发，他们在数小时航行后，经过萨拉米斯和阿提卡，比希腊军队更早到达目的地。双方海

古典时期的海战

在古代地中海上航行的船大致有两种类型：一种是用于商务贸易的帆船，船体是圆形的；另一种是瘦长的战船。两者都配有船桨。战船比较轻盈，通过众多水手划桨前行。但是由于战船不适合远洋航行——这点和商船截然不同——它们通常只在海岸线附近行驶。

古典时期，建造战船最看重的就是行驶速度。它们最主要的攻击武器是和水平线持平、位于船首的撞角，通过撞角猛烈撞击敌船令对方沉船。另一种攻击技巧被称为侧翼包抄，即把船开到敌船的侧面，用撞角撞击敌船。还有一种攻击技巧，被称为破阵，即从侧面贴近一艘敌船航行，或者从两艘敌船中间穿过，切断敌船的船桨。

最开始的战船只有一层桨座，后来逐渐发展为两层桨座（二桨船）。到了公元前500年，开始出现三层桨座的战船（三桨船），之后的战船甚至更加庞大。

早期的战船配备人员通常是某位统治者的随从或者某个城邦的民兵。后来逐渐出现了专业的航海人员，相当于今天各国的海军。公元前4世纪起，罗得岛共和国就拥有

军等距离列队航行，向敌方靠近，这意味着双方船队各自排成前后好几列并行。但由于波斯海军更为庞大，列队的数量明显多于希腊。这样的阵型，一艘战船可以用船头撞角攻击敌方战船，同时，容易受到攻击的船身可以通过旁边的战船做掩护。此时，380 艘希腊战船对阵

一支小型但攻击力很强的海军，用于保护海洋贸易，这支海军的人员都是靠海谋生，他们可以从最底层的水手攀升到指挥官的位置。在罗马海军里，水手同样有升职的机会，比如从底层的水手升到一艘战船的指挥官，甚至整支海军的司令，都是可以通过努力实现的。

🚢 公元前 1 世纪的浮雕，展示了一艘三桨船及其撞角。古典时期的腓尼基和希腊战船都装备有这种致命武器。

1000 多艘波斯战船。

希腊人这时使用了一个计谋。他们假装撤退，引诱腓尼基的中型舰队继续深入。当这支敌方舰队经过萨拉米斯和希腊陆地之间最狭窄的海域时，希腊船队突然掉转方向，给了敌人猝不及防的攻击。埃斯库罗斯在他的悲剧作品《波斯人》中这样描述袭击的时刻："顿时，一个用金属加固的船头撞进了另一艘船里。"经过惨烈的奋战，腓尼基的舰队全军覆没。

地米斯托克利聪明地选择了作战地点。由于长时间的行军，波斯船队的水手在作战开始时就已经筋疲力尽，而希腊船队的水手则精神饱满，他们精力充沛地奔赴战场。此外，由于水域十分狭长，波斯船队在数量上的优势无法完全发挥出来。倘若在宽广的水域作战，波斯船队肯定能包围希腊船队，从侧面进攻取胜。但现在的情况导致只有一部分波斯战船直接面对希腊船队，而且希腊海军的三桨船战斗力更胜一筹。甚至在某种程度上，波斯船队的数量优势对于能灵活应变的希腊船队来说还是件好事，因为波斯一方的战船相互影响，他们的船桨相互碰撞和"打架"；如此参战的希腊船队反而占优势。

波斯船队阵型逐渐陷入混乱。面对失败的威胁，很多人开始惊慌。在战斗最关键的时刻，哈利卡那索斯的阿尔特米西亚女王（也是波斯第二海军舰队首领）逃离了波斯阵营。就在她逃脱希腊人追杀的过程中，她的船在卡里亚地区把卡琳达国王达马斯蒂姆的战船撞沉了。如希罗多德所述，负责追杀的希腊将领认为，"阿尔特米西亚所在的船要么是一艘希腊船，要么是来自敌方但已经投降希腊的船"，所以就这样让阿尔特米西亚女王逃走了。

经过长时间的浴血奋战，希腊人终于扭转战局：黄昏来临时，波斯人战败，并开始撤逃。希腊舰队损失了40艘三桨船，波斯人却失去了200艘战船。就连在普斯塔利亚小岛上作战的波斯军队也遭到惨败。

无论波斯海军残部是否成功逃离，萨拉米斯战役的失败都意味着波斯人海上霸权的终结。至此，波斯人对希腊的进攻失败了。就如地米斯托克利之前预料的一样，波斯人无法保证后援，他们的大帝不得不放弃自己的战略计划，在冬季后就从希腊撤军了。公元前479年，波斯军队在普拉提亚同样遭到惨败，而这次战败导致波斯征服希腊的计划彻底落空。

希腊迎来了伟大的胜利。为了表示感谢，斯巴达人赠予他们的首领欧里比亚德斯一个用橄榄枝做成的头冠，表彰他的勇敢；另外一个头冠则赠予了地米斯托克利，表彰他的聪慧。但雅典人却并不感恩。即使地米斯托克利赢得了战争，他还是在公元前479年竞选新一任首席执政官中失利，因为他再次提出了令雅典人极为不快的警示，就像他当年预见和薛西斯一世的对决一样。

🚢 陶片放逐法：始创于公元前6世纪末的雅典。每年召开民众大会，公民可以将他（们）认为可能危害民主政治的人的名字刻在陶片上，通常认为某人票数超6000票，就会被放逐，禁止回国，以10年为限。

这次他预料，斯巴达人将会和雅典争夺希腊城邦的霸权地位。如此一来，他在自己的家乡引起了亲斯巴达一派的不满，就连民众中支持他的人也很少。在战争时期，雅典人自愿听从他的领导，但现在波斯人带来的危机已经解除，所以地米斯托克利就没有利用价值了。以米太亚得之子西门为首的亲斯巴达党派在雅典上台后，地米斯托克利于公元前473年（或前471年）受到陶片放逐法的制裁，被判10年内不允许回到雅典。之后没多久，斯巴达人又把私通波斯的叛国罪加到他身上。在被雅典人判处死刑后，地米斯托克利于公元前465年逃往波斯，投靠阿尔塔薛西斯一世。这位曾经的敌人——薛西斯一世——的儿子和继承人友好地接纳了他，并且封他为小亚细亚的马格尼西亚总督。在这里，这位天才军事家、历史上第一支海军舰队首领，大约于公元前460年去世。

萨拉米斯战役的胜利，使雅典成为希腊海上领导力量。公元前478年（或前477年），提洛同盟成立。这个原本为了抵抗波斯人而建立的同盟，把首府定在雅典，并统治着地中海东部。凭借同盟之下200多个城邦的联合势力，雅典的商务航线得以保障而不受海盗影响。但没过多久，地米斯托克利的警示被证实并非空穴来风。公元前431年，雅典和斯巴达之间爆发伯罗奔尼撒战争。雅典在公元前404年战败，提洛同盟也就此解散。但是，斯巴达并没有取得真正的胜利，双方长达几十年的征战不但削弱了战败的一方，也大大消耗了战胜的一方。此后，希腊城邦沦为各方势力的玩物，先是马其顿人，然后是罗马人。

对希腊人来说，战胜波斯人很快就成了自由战胜暴政的神话。甚至到了 20 世纪，对抗波斯人的战争仍被形容成一场西方世界对抗"东方专制"的自由之战，尽管当时波斯的政权领导人其实很开放。无论怎样，希腊人通过萨拉米斯战役的胜利保全了他们在政治上的独立，并且由此，希腊的艺术、文化和思想得以成为西方文明的基础。

皮西亚斯：
一位考察北欧的希腊人

最早促使人类冒险出海的不仅仅是海上的战争和掠夺。早在几千年前，就已有用于商业贸易的大小船只穿梭在地中海上。众多的岛屿、难以行走的腹地及糟糕的路况，这些都促使当时地中海地区的海路交通成为一种必要的运输方式。由于当年用于交通运输的船只还不具备远航能力，大多数的船仍然只能在海岸附近行驶。只有在特殊情况下，才有人乘帆船去更远的海域。人们就此建立了海运路线网络，它把地中海沿线地区的不同文化联系在了一起。从公元前 10 世纪开始，腓尼基人就在很多海岸线上建立城邦（今叙利亚人和黎巴嫩人居住地），它们是地中海东部最具实力的航海和贸易城邦。腓尼基人在地中海沿岸建立了很多贸易根据地，比如西西里岛、塞浦路斯和法国南部。公元前 8 世纪起，腓尼基人在海上贸易的霸主地位逐渐被希腊人取代，相较之下，希腊人更具有航海家的形象。希腊人在地中海西部也建立了很多贸易根据地，由此扩大了他们的贸易网络。

在这些根据地中，有一个是马萨利亚城，即今天的马赛。公元前 4 世纪，希腊商人和探险家皮西亚斯就生活在这里。有关他的生平我们所知甚少，但是在航海史中，他是个不可缺少的人物。皮西亚斯被誉为"第一

斯瓦尔巴群岛海岸正在融化的冰块和被雪覆盖的山脉：皮西亚斯为此地取名"神话"，或许他所看到的景象就如神话一般。除了他，当年没有一位希腊人有勇气来到这么靠北的地方。

个在大西洋航海探险的希腊人"。公元前350年，他带领几艘船驶向北欧。对于地中海人来说，当时的北欧还是一片陌生的地带。但令人感到不解的，除了他选择如此陌生的航行路线，还有其动机：作为驶向北欧的第一人，他的目的不在于开拓新航线，或者开辟新的根据地，而在于更多地了解远方，即人们还不认识的地域。

在当时的地中海，有两种不同类型的船：一种是长条形、靠划桨来推动的船，这一类船被当成战船使用，在皮西亚斯所生活的时代已经出现了三层桨座的战船，即一种由三层船桨推动的大型帆船。另一种是依靠船帆航行、船体为圆形的商用船，这种船的船体长度仅仅是其宽度的三倍，所以也被称为圆体船。它沉重的船身由

🚢 皮西亚斯探索的北欧，对希腊人来说还属于未知的领域。这幅版画错误地展示了一艘罗马式战船。实际上，皮西亚斯所用的应该是一艘或者几艘圆体船，即商用帆船。

巨大的直角帆驱动，船体这样的造型导致这类船不容易被驾驭，所以它们只能通过风力航行，让风从后面吹到帆上成为动力。如果起风的方向与目的地相反，就不能航行，必须一直等到风向变得有利。它们的最大航速很难超过5节，即每小时9公里。

很可能皮西亚斯从马萨利亚城起航时所带领的都是圆体船。他的第一个目的地是世界的终点：对于当时的希腊人来说，直布罗陀海峡就是已知世界的尽头，希腊神话中的海格力斯之柱就设立在这里，根据神话传说，是它们撑起了天空。海峡以外的一切对于希腊的航海家和学者来说，都是未知的。但是皮西亚斯并不满足于此，他要更多地了解地中海以外的世界，还有北部地带。

皮西亚斯穿过直布罗陀海峡后到达的第一站很可能是西班牙。在那里，他拜访了加地尔城，即今天的加的斯。由此，他来到了迦太基人的势力范围。腓尼基人衰败后，地中海西部就落入了迦太基人手中。这座建于公元前9世纪、位于今天西班牙西南部的城市最开始是腓尼基人的殖民地，但到了公元前6世纪，波斯征服了腓尼基人后，加地尔城就从它的母城邦泰尔手中独立出来；接下来，迦太基人逐渐成为庞大商业帝国的主角，他们的商业网覆盖了地中海西部，北非的大部分地区也处于迦太基人的统治下，同时，在西班牙、撒丁岛、科西嘉岛也出现了迦太基人的基地。为了保护商业往来，迦太基人拥有一支战斗力很强的舰队。同时，他们也因攻击所有出现在其势力范围内的陌生船只而恶名远扬。

由此看来，皮西亚斯选择的这条航线并不安全。但无论是否真的需要打破迦太基人的封锁，他仍然毫发无伤地继续远航。他的船队极有可能沿着今天西班牙和法国的大西洋海岸线行驶，到达了布列塔尼。他继续向西前行，经过公海到达了贝里里翁角，也称康沃尔郡的兰兹角，即今天大不列颠岛的最西端。在这里，皮西亚斯参观了古典时期著名的锡矿，该矿为当时的硬币铸造供应主要材料。锡从康沃尔郡出发，通过海路被运往整个地中海地区。

接下来，皮西亚斯的航海路线环绕了不列颠群岛。他描述道，自己也探索了岛的内陆情况。在整个行驶过程中，皮西亚斯都记录了地理数据，并进行了分析。他估算出不列颠岛屿的海岸线长 6400 公里，这个数字准确得惊人，就如他估算出从马萨利亚城到不列颠的距离为 1700 公里，而实际上这个距离大概是 1800 公里一样。此外，他还寻找到了有经济价值的原材料和有潜力的商品。可惜我们今天无法找到线索来证明他是否建立了贸易联系。

皮西亚斯从不列颠继续北上，直到到达了一个更为遥远的地方。在这里，他描述每天只有两三个小时的时间见不到太阳。又经过 6 天的航行，皮西亚斯到达了一座岛屿，他把它称为"神话"，并认为这里是位于最北端的人类居住地。根据他的描述，大地、海洋和空气在这里混合成一种黏稠的物质，这种物质使人无法继续在海上航行。但是，我们并不能确定皮西亚斯是否真的到达过被他命名为"神话"的岛屿，如果是，那么他又具体去了哪些地方？有关这座岛屿，他的描述非常模糊，而且自相矛盾，所以有可能他仅仅描写了一座神话中的

岛屿——他将这座岛屿
命名为"神话"，也被
罗马人使用，意思是最
为遥远、未知的境地，
也就是世界的终点。有

> 野蛮人指给我们这个地方，这里的太阳从海岸升起，在海岸落下。这里的夜晚非常短暂，在某些地区只有两三个小时，所以太阳落下后没多久，就又升起来了。
>
> ——皮西亚斯《海洋说》（参见吉明诺·冯·罗德《非凡现象的引言》，1世纪）

几位史学家认为，皮西亚斯的确航行到了这座岛屿，也有人认为他考察的是挪威海岸，第三种观点甚至认为，他驶入了波罗的海，并到达了涅瓦河的入海口。根据皮西亚斯的记载，他从"神话"岛继续向东航行，一直抵达了另外一座岛屿，岛上有很多琥珀——在地中海，琥珀大都从波罗的海进口，是非常受欢迎的商品。在回程路上，皮西亚斯很可能从位于大西洋的北海向南航行，最后回到了马萨利亚城。在这里，他完成了他的旅行游记《海洋说》。他的描述是碎片式的，其中有很多引言出自其他古代作家。在很多古代文学作品中，我们能找到有关皮西亚斯和他的航海信息，比如在希腊史学家波利比乌斯的文章中。

　　皮西亚斯的探险旅行一共航行了近两万公里，应该至少持续了两年半，或许是古典时期时间最长的海上航行，他也很可能是到达海水冰冻线以北的第一位航海家。皮西亚斯值得称赞的不仅是其航海业绩，还有他那非常精细的观察能力。他首次描述了涨潮和退潮，这在当时的地中海还是未知的现象。尽管他还不清楚这两者之间的相互联系，但他意识到月亮对它们的产生有重要影响。根据皮西亚斯的描述不难看出，他精通天文学，通过在航行中观察太阳升起的高度，就能确认白天日光的时长，以及在向北航行时星座位置是如何变化的。

CADIZ

皮西亚斯也发现，其实北极星不一定在正北部的天空。他还将自己的天文测量用于确定地理距离。

皮西亚斯不仅是个有才干的导航人，还是个出色的民俗学者。他从人类学的角度观察并记录北部地区居民从谷物和蜂蜜中提炼饮品。他也注意到，在这里，谷物是在专门的谷仓脱粒，而不像地中海地区那样在露天的地方打谷。

皮西亚斯是第一位记载地中海以外未知世界的希腊人。他提供的信息成为有关古典时期北欧地况的基础材料。尽管皮西亚斯的航海报告没有被完整地保留下来，但很多古典时期的作家都在自己的作品中提到了他和他的航海经历。

🚢 这幅创作于17世纪的版画展示的是加的斯海港。皮西亚斯的船穿过直布罗陀海峡后，就在此停靠。

马库斯·维普撒尼乌斯·阿格里帕：奥古斯都的海军上将

这是令人无法忘怀的一幕：由理查德·伯顿扮演的马克·安东尼深受爱情折磨，为了追随他的爱人——由伊丽莎白·泰勒扮演的克娄巴特拉——而放弃了还在火海中的舰队。1963年上映的好莱坞影片《埃及艳后》描绘了罗马历史上最为关键的时刻：阿克提姆海战胜利后，争夺罗马帝国统治权的斗争实际上已经结束了。恺撒的甥外孙屋大维，今后将独自统治从西班牙到叙利亚这片庞大帝国的疆域。但是这次海战的胜利并不属于屋大维，而完全归功于另外一个男人，这个人才是罗马海军舰队的首领，他也是屋大维有生之年最忠心耿耿的朋友——马库斯·维普撒尼乌斯·阿格里帕。

阿格里帕约于公元前63年出生，出生地可能是罗马。有关他父亲和家族的情况我们所知甚少，所以无法确认他的出身。但很明显，他从童年时代起就和屋大维——恺撒的甥外孙和指定继承人——是亲密的朋友。

公元前44年3月，恺撒被谋杀，罗马帝国的政局由此陷入混乱。随着各方势力展开对权位的争夺，战火重燃只是时间问题。就在这样紧张的局势下，阿格里帕成为屋大维最重要的军事顾问，虽然他并非军人出身。

屋大维和阿格里帕是在去阿波罗尼亚（位于今天的阿尔巴尼亚）的旅途中得知恺撒被杀的，于是他们马

在阿克提姆海战中，克娄巴特拉的船其实也是屋大维和阿格里帕领导的罗马海军的对手。这幅画出自19世纪的一部世界史参考书。

上启程回罗马。在那里，年仅 19 岁的屋大维要求继承恺撒的遗产。他很快就陷入和安东尼的争斗中，因为安东尼同样想接替恺撒的权位。但屋大维巧妙地游说于各个党派之间，捍卫自己作为继承人的地位。一开始，他和元老院结为同盟，之后又和自己的对手安东尼就统治权的分割达成协议。公元前 43 年，屋大维决定和安东尼以及恺撒的骑士统领马尔库斯·埃米利乌斯·雷必达（后三头同盟）三人一同继承国家大权。此后，屋大维和安东尼不再需要元老院的政治支持，从而终于得以为恺撒报仇。当时的元老院在罗马帝国东部省份建立了新的势力。

当屋大维和安东尼建立起一支军队后，他们把矛头直接指向谋杀恺撒的凶手：卡西乌斯和布鲁图斯。阿格里帕也参与了这次复仇起兵，他很可能在公元前 42 年秋参与了马其顿的腓力比战役。在这场对阵卡西乌斯和布鲁图斯的战役中，屋大维和安东尼取得了决定性的胜利。公元前 41 年，在帮助屋大维镇压叛乱者的战役中，阿格里帕同样是个关键人物。他成功地包围了佩鲁贾城的起义者，并迫使他们投降。公元前 40 年，阿格里帕被选为罗马民选官，这是当时罗马帝国政府中第二高的职务。之后两年内，身为总督的阿格里帕在高卢镇压了阿基坦起义，在莱茵河畔和日耳曼人进行斗争。回到罗马后，他继续自己在政坛的事业，并于公元前 37 年以执政官的身份跻身罗马帝国最高层领导圈。

没过多久，罗马海军在对阵最后一位被三头同盟认为有威胁的反对者塞克斯图斯·庞培（亦称"小庞培"）的战役中惨败，屋大维任命阿格里帕为海军总司令。小庞培是恺撒的对手庞培的儿子，他是当时最著名的海盗之一，整个意大利海岸都遭到过他的船队的侵害。此外，他们还掠夺运粮的船只，威胁着罗马城的供给。在此情况下，阿格里帕在极短的时间内就组建了一支新的船队，首次展示了自己作为海军将领的非凡天赋。由于他的重型船只远不如小庞培的那般轻盈和快速，阿格里帕就命人在船体的吃水线处装上坚硬的挡板，以保护船身不会受到撞角攻击而被毁坏。此外，他还发明了新的甲板层，在木梁表面上浇铸了一层铁，并配有投石器。

阿格里帕的周密准备为后来的战事带来了神奇效果：公元前36年，在西西里岛北部海岸的米列海战和瑙洛库斯海战中，他的海军两次战胜小庞培。之后小庞培逃往小亚细亚，在那里被安东尼的手下逮捕，次年在米利都被处以死刑。

公元前35年和前34年，屋大维派阿格里帕对阵伊利里亚人。伊利里亚人主要生活在今天的克罗地亚和阿尔巴尼亚。在这里，阿格里帕认识了一种叫利博尼的船——这种船又小又快捷，常常被伊利里亚人当成海盗船使用。因为它驾驶起来非常灵活，同样适用于海战。

腓力比海战之后，战胜者瓜分了罗马帝国。屋大维统治意大利和西部领域，而安东尼统治着东部领域及附属国埃及。埃及女王克娄巴特拉成了安东尼的情人。

但是屋大维和安东尼心里都清楚，这个方案只是暂时的妥协。两人都知道，罗马帝国的统治者最终只能是他们中的一人。两人之间的矛盾愈演愈烈，一场终极较量已经无法避免。

早在公元前36年，屋大维就剥夺了雷必达的权力，确立了自己在罗马帝国西部无可置疑的统治者地位。同时，安东尼仍旧统治着罗马帝国东部。公元前33年，当安东尼为了取悦多年的情人埃及女王克娄巴特拉而冒犯自己的妻子，即屋大维的姐姐奥克塔维娅时，两人之间原本就不堪一击的同盟终于瓦解。这样的挑衅意味着战争的开始。屋大维再次把海军委托给阿格里帕，阿格里帕决定靠自己的力量再组建一支新的舰队。

双方最终在亚克兴附近对战，此处位于希腊西海岸的安布拉基亚海湾。屋大维和阿格里帕成功切断了安东尼和克娄巴特拉领导下的海军通信网络及物资供应的后援。由于饥荒、疾病和叛逃，安东尼和克娄巴特拉的军队人数急剧减少，无法在陆战中与敌方抗衡。于是他们决定通过海战来决一胜负。海战的确能给他们带来优势。如果一切顺利，安东尼成功击败屋大维的海军，他就有可能前往罗马，成为罗马帝国的唯一统治者。如果结果不理想，根据安东尼的预测，他也可以退往埃及，在那里重建军队，为未来作战做准备。

安东尼非常肯定自己能赢。他确信阿格里帕在米列海战和瑙洛库斯海战中取胜的原因全在于庞大的战船，所以他也组建了一支拥有庞大战船的海军。但是这次，阿格里帕的策略和安东尼的恰恰相反：阿格里帕使用的大都是根据伊利里亚人的小型利博尼快船为样本建造的战船，比起进攻性强却不够灵活的大战船，他宁愿选择轻便、灵活的小船，并相信手下受过专业训练、经验丰富的海军将士能很好地驾驭这些船只。双方的战船上都配有划桨水手和众多带武器的将士，除了通常配备的撞

角，还有多部投石装置。

　　恶劣的天气使得这场战役延期，4 天后，风暴终于停息了。公元前 31 年 9 月 2 日的早上，一切都准备就绪：安东尼的 260 艘战船迎战阿格里帕的 200 艘战船。面对大幅减少的军队人数，安东尼命人烧毁了一些无人驾驶的战船，以补充剩余战船的船员。为了让之后有可能的逃亡顺利，他的船上都带有旗杆和船帆，而这些东西在以往的海战开始前都是留在陆地上的。

🚢 这幅铜版画作于 18 世纪，画中人物是戴着罗马海军王冠的马库斯·维普撒尼乌斯·阿格里帕。这顶荣誉王冠只授予第一个冲入敌营的将士。

两军对峙了几个小时。双方阵营的船各排成三列，每艘船都纹丝不动。直到中午，阿格里帕终于向部下发出号令，让船队开始进攻，一场厮杀正式开始。阿格里帕决定，不等安东尼装备精良的战船前来，而是让他那

些更为灵活的利博尼快船冲上去进攻。他还命人避免同时攻打敌方的整列船队，而是集中力量攻击某一艘战船，并且尝试破坏它的桨座，令对方的船无法行驶。

不明朗的战局拖延了很长时间，这时阿格里帕下

埃及女王克娄巴特拉试图用女性武器保护她的国家免受罗马帝国的侵害：她先后成为恺撒和安东尼的情妇。这幅 19 世纪的绘画展示了克娄巴特拉试图"诱捕"安东尼的宴会场景。

令使用火攻，以摧毁敌方战船。由于阿格里帕一方的带火箭头以及火球比敌方大体积弹丸的射程更远，他的战船在远距离就能很快将安东尼的船队置于火海。倘若克娄巴特拉让备用船队投入战斗，或许安东尼的败局还会扭转。但是，她并没有试图挽救自己的爱人，而是选择放弃战斗并逃跑了。她的船冲破敌方阵线，拉起大帆，向埃及方向驶去。当安东尼发现克娄巴特拉已经逃跑时，他竟也卑鄙地丢下自己的船队，登上一艘小船，赶忙追随他的情妇一起逃离了战场。

当两位统治者到达安全地带时，阿格里帕消灭了这支群龙无首的船队。当天晚上，只有几艘尚未遭到破坏的战船回到了安布拉基亚海湾。一个星期后，安东尼军队的幸存者一起投降了。为了纪念这次大败安东尼和克娄巴特拉的辉煌战绩，屋大维在他驻扎的地方建立了尼科波利斯城。屋大维非常清楚，自己的胜利主要归功于

这幅绘于 1672 年的油画描绘的是阿克提姆海战。安东尼和克娄巴特拉的战败使屋大维终于成为罗马帝国的统治者。

阿格里帕，因为他才是卓越的海军将领，使用因地制宜
的战略，冷静地指挥了整场战役。

尽管安东尼和克娄巴特拉逃往埃及未被俘获，但这

场阿克提姆海战实际上结束了罗马帝国的内战。就在第二年，屋大维率军到达了位于尼罗河河畔的埃及。公元前30年8月1日，埃及首都亚历山大城投降，安东尼和克娄巴特拉双双自杀。这不仅是罗马帝国内战的正式终结，也意味着埃及从独立的国家沦为罗马的一个行省。

战胜了安东尼和克娄巴特拉后，屋大维终于成为整个罗马帝国的唯一统治者。同时，作为对新统治者的认可，公元前27年，罗马元老院授予屋大维名誉头衔"奥古斯都"，拉丁文意为"神圣的、至尊之人"。同样有机会获得这一头衔的还有阿格里帕。当奥古斯都于公元前23年病重时，他把权位交给了阿格里帕，并公开表示阿格里帕就是他选出的继承人，同时把自己权力的象征——印章戒指——交给了阿格里帕。之后，阿格里帕与奥古斯都的女儿尤利娅结为夫妻，进一步加强了他们之间的联盟。

公元前23—前21年，阿格里帕在奥古斯都的委托下治理帝国东部的省份。公元前21—前19年，他再次作为总督统治高卢和西班牙。公元前18年，奥古斯都赋予这位朋友以特别权力，让他作为总督再次前往东部。在接下来的几年内，阿格里帕不仅和位于黑海的博斯普鲁斯王国、犹太的希律大帝建立了和平关系，还在此建立了新的城市。在去往潘诺尼亚，即今天的匈牙利的途中，阿格里帕病重，于公元前12年3月12日去世。奥古斯都在他的墓碑前致辞，以示内心的无比悲痛。

阿格里帕在他有生之年一直是屋大维忠诚的朋友和下属。除了在统治管理和军事方面的业绩，他还是一位有名的慈善家，他把自己的大部分财产都捐赠给了戏剧院、供水系统和公共温泉浴场用于建设。公元前33年起，他出任营造官，所建最为著名的建筑是于公元前25年完工，至今仍屹立于罗马城内的万神庙——一座供奉所有神的神殿（万神庙原文"Pantheon"，在希腊语中意为"所有的神"）。

但阿格里帕留下的最重要的遗产是和尤利乌斯－克劳狄乌斯王朝的联系。阿格里帕和尤利娅的女儿是后来卡利古拉大帝的母亲，也是尼禄皇帝的祖母。这位尼禄皇帝由于精神异常，患有"恺撒狂想症"而臭名昭著，他的血腥杀戮使得奥古斯都建立的王朝在公元68年走向尾声，阿格里帕家族也因此不光彩地退出了历史舞台。

第二章

驶向新海岸：
中世纪的航海家

莱夫·埃里克松：
踏上美洲土地的维京人

克劳斯·施托特贝克、哥德克·米切尔斯和威塔利安兄弟同盟

郑和：
伟大的航海家

安德烈亚·多里亚：
查理五世的海军元帅

苏伦·诺尔比：
一个被废国王的海军上将

📖 这幅绘于 1672 年的古画描绘的是以德意志维斯马城市为背景的维斯马海湾。中世纪的维斯马是一座正在崛起的汉萨同盟城市。

莱夫·埃里克松:
踏上美洲土地的维京人

第一位踏上美洲土地的欧洲人究竟何许人也?这个问题至今没有定论。但能获此殊荣的或许是一位来自格陵兰岛、名叫莱夫·埃里克松的维京人。根据古代北欧传说,1000年左右,他到达北美大陆,并在那里安家。这个人究竟是谁?他为什么要不远万里,历经艰险航行去往美洲?这些问题的答案与他祖先的命运和民族历史背景密切相关。

800年前后,一群来自北方,即如今的斯堪的纳维亚地区的丹麦、瑞典和挪威的人突然从天而降,把欧洲大陆宁静、祥和的村落洗劫一空后,又迅速消失。不久之后,这些人被称为"维京人"。北欧语言中的"维京"(Vikings)意为"海上战士"或者"海上行军"。一开始,这些维京人抢劫完就马上带着猎物撤离,但是逐渐地,他们开始在这里过冬,并长期定居在自己占领的地方。在北大西洋地区,他们还建立了新的移民区。

维京人不仅是打手,还是艺术家、商人、工匠,同时也是航海家。他们拥有非凡的航海技能,以及优秀的造船技术。他们建造的船不但能抵御北大西洋海面的风暴,还能提供足够大的空间以容纳所有家庭成员、家当和牲畜。这种斯堪的纳维亚式船只最突出的特点体现在其鱼鳞式的外壳造船法上,以及船头和船尾柱的一致。

维京人的船能够抵御海上风浪。它的独特构造,能够迎合海浪的走向。在19世纪理想主义画作中,船只构造的细节并不符合事实。

和我们今天的船不同，维京人制造的船身是带有弹性的，非常适应海上风浪。这样的船身能稳稳地骑在海浪上，而不是穿过海浪。正因如此，这些构造完美的船被称为中世纪的高科技。

到 8 世纪末，维京人建造的不同的船只已可以满足其各种需求。除了窄船身的快速战船和帆、桨共用的长形船或者龙船，他们还建造了特殊的商船。这种船也被称为科诺尔船，船身是圆形的，所以其优势不在于速度，而是它的装载容积和海上航行的稳定性。其驱动力来源于挂在固定的桅杆上的宽大的方形帆。这种坚固、耐用的运输帆船甚至能抵御北大西洋海面上最猛烈的风暴。位于船头和船尾的两个高层半甲板之间的船身中部是露天的储藏空间，根据船身大小，这种科诺尔船可以装载 20～50 吨货物，但同时仅需要 4～12 个随行人员。

9 世纪时，斯堪的纳维亚人在法罗群岛和设得兰群岛定居。大约 860 年，他们发现了冰岛。874 年前后，斯堪的纳维亚人英格尔夫·阿纳尔松首次在冰岛定居，当时他选择盖房子的地方就位于如今冰岛的首都雷克雅未克。之后其他的移民也接踵而至，大家纷纷在这片土地上种植农作物，开展畜牧业。到了 930 年，这座岛上就已经有了一个小而繁荣的社区。

莱夫·埃里克松和他祖先的故事就是从冰岛开始的。莱夫的祖父图尔瓦德·阿斯瓦尔德松因为在一场争执中打死了邻居，不得不离开自己的家乡挪威。960 年，他带着家人来到冰岛，并开始定居于此。很显然，他把自己易怒的脾气遗传给了绰号"红发"的儿子埃里克，因为"红发"埃里克在冰岛也陷入和邻居埃约夫、赫蒙刚－赫拉芬兄弟的争执，这兄弟二人杀死了埃里克的几个家奴，他为了报仇而把邻居杀了。982年，"红发"埃里克被赶出冰岛，开始了3年的流放生活。

"红发"埃里克从一位名叫甘彼阳的水手那里听说了一处不为人知的海岸，这位水手曾为了猎捕海象而航行去过很远的西部。于是"红发"埃里克决定踏上探索之旅。果然，他找到了新的陆地，并在那里进行了3年的勘察。回到冰岛以后，"红发"埃里克向人们描述了这片"绿地"，也就是"格陵兰岛"（丹麦文 Grønland，英文 Greenland，即"绿地"之意），希望能找到愿意和自己去那里的人，一起建立新的家园。事实上，他的确做到了：985年前后，"红发"埃里克带着400～500名勇敢的志愿者出发了。然而，出发时的25艘船中，最终只有14艘到达了目的地。幸存者被分为两组，分别建立了东移民区和西移民区。他们找到了合适的地方就开始耕种，但主要从事畜牧业。

"红发"埃里克在此期间有了3个儿子，其中的一个就是莱夫。莱夫似乎是个胆大、喜欢冒险的人，在一次去挪威的旅行中，他皈依了基督教，并接受挪威国王奥拉夫一世的委托，使格陵兰岛的居民也皈依了基督教。莱夫让自己的母亲受洗，并在自己家的布莱特里德农庄建立了格陵兰岛的第一座基督教堂。按照莱夫母亲的意愿，莱夫的父亲"红发"埃里克也在去世前皈依了基督教。

在格陵兰岛，莱夫还听说了这样的故事：当年和"红发"埃里克一起移民格陵兰岛的人中有一对夫妇，他们的儿子是商人博雅尼·何约夫松。有一次，博雅尼

想来格陵兰岛探望父母，但在航海途中船只遇到强风而偏离了航线，随后一直向西南方向行驶。当博雅尼终于看到陆地时，发现眼前并非格陵兰岛的岩石海岸，而是植被茂密的山地。于是博雅尼向北航行，一直到达一处土地贫瘠的未知陆地。从这里开始，他继续向东航行，最终到达格陵兰岛。

　　博雅尼讲述的遥远西部陆地的故事令莱夫无法忘怀，显然他和父亲"红发"埃里克一样，天生就是个好奇心极强的探险家。于是莱夫决定去寻找这个未知的大陆。为此，在 1000 年，他装备了一艘船，并为这次驶向未知目的地的远航寻找同伴。莱夫的父亲"红发"埃里克原本也打算同行，尽管他已经 50 岁了，这在当时已是高龄。但他在出发前从马背上摔了下来，这被认为是不好的预兆，所以他最终还是留在了格陵兰岛。1003 年，"红发"埃里克在布莱特里德农庄的家中去世。

　　莱夫具体选择了什么航海路线，如今已无法确认。但能确定的是，他最开始沿着格陵兰岛西部海岸线行驶，一直到达一片荒芜的地界。他为这个地方起名赫鲁兰，意为"石头之地"。乘着携带的小舟，他登上了陆地。因此，他很可能就是第一位登上北美洲大陆的欧洲人。这片陆地应该位于今天加拿大东北部，可能是拉布拉多半岛，或者巴芬岛。从这里开始，莱夫向南航行，直到他再次抵达一处未知的陆地，他称之为马克兰（意为"林地"），今天史学家确定这片土地就是新斯科舍半岛。

　　接下来，莱夫又向南航行了 2 天，终于抵达了一片土地肥沃、植被茂盛的地带。《格陵兰传说》中生动地

⛴ 20 世纪 60 年代，人们在位于纽芬兰岛北端的兰塞奥兹牧草地里发现了维京人留下的居住遗迹，并进行挖掘。出土文物证明，移民北美的第一批欧洲人就是斯堪的纳维亚人。

描述了维京人来到这片陌生的新大陆的情景："他们踏上土地，环顾四周。天气甚好，地上的青草叶上都是露珠。他们上岸后做的第一件事，就是拔一撮草，放进嘴里。他们仿佛尝到了世间最甜的美味！然后他们回到船上，向海峡驶去。这个海峡南部是一座岛，北部是一座突出的舌形半岛。"莱夫为这里取名文兰，直至今日，这个名字的由来还无法确定；有些学者把文兰（英文作 Vinland）翻译成"Weinland"，即"红酒之地"，还有人认为解释成"草地"或者"牧地"更合适，因为"Vinland"一词中的"vin"在古挪威语中的意思就是"草地"或者"牧场"。文兰的具体位置我们无从得知，能够确定的是，它位于美洲大陆，可能是在新斯科舍和新英格兰之间的某处。

莱夫和他的手下在这里建造房屋，同时考察周边情况。他们很可能是第一批在美洲大陆定居过一段时间的欧洲人。这里土壤肥沃，河里的鱼成群结队，气候也非常宜人。他们在这里过冬，收集了大量木材后起航回家，木材在植被贫瘠的格陵兰岛是非常珍贵的物资。再次回到格陵兰岛后，莱夫得知父亲已经去世，所以布莱特里德农庄由他继承。1020 年，他也在这里与世长辞。

但是莱夫所到过的那片树木繁茂、土地肥沃的陆地一直让他的家人无法忘怀。于是莱夫的弟弟图尔瓦德取代哥哥的位置，第二次起航前往文兰。然而，他却在和北美土著人的纷争中被打死了。莱夫的第二个弟弟图尔斯坦也起航去了文兰，不过他并未抵达目的地，因为他在航海途中死于疾病。但是勇敢的格陵兰人还是继续前往刚刚被发现的新大陆。图尔瓦德的遗孀古德丽德嫁给了冰岛商人图尔芬·卡尔斯内费，这对夫妇与其他60个男人、5个女人和各种家畜，驾驶3艘船来到文兰，打算在这里长期定居。他们建立了一个移民区，但不久之后又陷入和土著人的争斗中，以至于古德丽德和图尔芬最终放弃移民，回到了格陵兰岛。

莱夫同父异母的妹妹——弗莱蒂丝·埃里克斯多提尔打算再次尝试移民文兰，但这次尝试变成了一场灾难。弗莱蒂丝同样继承了父亲和祖父的暴脾气。移民之间产生了矛盾，弗莱蒂丝鼓动自己的丈夫杀死小移民区内的其他首领，同时她用斧头杀害了其他的女人。在这场屠杀后，幸存者纷纷离开了文兰。

由此，维京人最后一次移民文兰的尝试以失败告终。随着时间的流逝，人们记忆中的新大陆逐渐淡去。1121年，格陵兰岛的红衣大主教埃里克·格努普森打算亲自去传说中的文兰，但已经没有人知道去那里的航线了。

有关文兰被发现和尝试移民而失败的故事，我们只能通过这两个流传至今的冰岛传说来了解。尽管这些故事最初只是口头传播，直到13世纪才被修士记录下来，不能完全当成历史资料，但在纽芬兰岛上发现的遗迹还是可以证明维京人的确在北美大陆生活过。

11世纪上半叶，斯堪的纳维亚人的抢劫行为日渐平息，维京人纷纷成为基督教徒。或许是宗教在一定程度上抑制了他们的抢劫行为。但比起维京人抢劫行为的终止，更重要的是他们在北欧建立了王权。11世纪初，君主制在丹麦、瑞典和挪威盛行，这些北欧国家成为欧洲基督教国家的一部分，同时，维京人时代建立的贸易联系也得以继续。

格陵兰岛逐渐成为遥远的、几乎被人遗忘的、欧洲基督教世界之外的前哨。由于气候变得更加恶劣，在那里定居的斯堪的纳维亚人在接下来的几个世纪里逐渐消亡。到 14 世纪末，大多数人放弃了经营农庄，剩下的人中有的死于饥饿，有的死于和当地因纽特人的争斗。15 世纪初，一艘来自挪威的考察船发现这里所有房屋都是空荡荡的，早已没了人迹。

1930 年，冰岛首都雷克雅未克竖立起莱夫·埃里克松的雕像，这是来自美利坚合众国的礼物。

克劳斯·施托特贝克、哥德克·米切尔斯和威塔利安兄弟同盟

克劳斯·施托特贝克的双手被绑在身后，大步走向汉堡的格拉斯布鲁克刑场。1400 年或 1401 年（确切的时间已无从考证），当刽子手挥刀斩下他的首级时，施托特贝克的海盗生涯就此终结，但有关他的传说由此诞生。

海盗行为——通过武力掠夺海上航行船只的货物——的历史几乎和航海史一样悠久。但海盗行为分为两种，它们之间的区分早在罗马时代就有了定论：纯粹出于占有欲而掠夺陌生船只属于海上抢劫；出于国家授权而劫夺指定的船只属于被许可的私掠行为。前者是可被处以死刑的犯罪行为，而后者源于战时所需，是海上商战的一种合法形式。

和许多海盗一样，施托特贝克以私掠船员身份开始了他的海盗职业生涯。最开始他服务于梅克伦堡公爵，对抗丹麦女王玛格丽特一世。1375 年，丹麦国王瓦尔德马四世去世，但他没有留下男性继承人，由此产生了女儿们之间的公然争夺：英格博格是梅克伦堡公爵海因里希三世的妻子；海因里希三世也是瑞典国王阿尔布雷希特三世的兄弟；英格博格的妹妹玛格丽特一世是挪威

这幅创作于 1701 年的版画展现了施托特贝克在汉堡的格拉斯布鲁克刑场被斩首的情景。

国王哈康六世的妻子。瓦尔德马四世在世时，英格博格的儿子原本被定为继位者，但玛格丽特一世通过各种手段，赢得了丹麦贵族的支持，并让自己的儿子奥拉夫三世在 1376 年 5 月 3 日被选为丹麦国王。尽管梅克伦堡公爵反对这项决定，但奥拉夫三世最终还是登上了国王宝座。

　　1380 年，挪威国王哈康六世去世。年满 10 岁的奥拉夫三世由此继承了挪威国王王位——他的母亲玛格丽特一世得以摄政。然而，还没有成年的新国王于 1387 年就去世了，不过玛格丽特一世早有准备，事先已经稳住了自己的地位，丹麦和挪威的内阁选举她继续担任摄政者。虽然梅克伦堡公爵也有权继承王位，但在选举过

　　在威塔利安兄弟同盟时代，吕贝克是汉萨同盟的主要港口。这幅木雕版画来自舍德尔编著的《编年史之书》。

程中却没有受到邀请。玛格丽特一世选择了她 5 岁的甥外孙——博古斯拉夫·冯·波美拉尼亚 - 斯武普斯克，作为新的国王。为此，新国王改名为埃里克——一个北欧的名字。梅克伦堡公爵以战争作为回应，但战事发展对他并不利。1388 年，与瑞典国王阿尔布雷希特三世不和的瑞典贵族邀请玛格丽特一世，并宣布对她效忠。阿尔布雷希特三世在 1389 年初战争失败后，成为玛格丽特一世的阶下囚。在这样军事失利的情况下，梅克伦堡公爵决定招募志愿军队，并授予他们海上私掠许可，对丹麦和瑞典进行突袭。

梅克伦堡公爵既不是第一个也不是最后一个使用这种攻击方式的中世纪统治者。对于当时的君主来说，这是获得海上军事力量的最简单的方式，因为即使在和平时期，也只有极少数的君主在组织上和经济上有能力供养一支用于海战的船队。战事一旦开始，人们通常是匆忙把一定数量的商船改造成战船，君主们也经常通过聘用几个在欧洲海域出名的海盗来获取专业支持。此外，还有一个解决办法是向私人授权，让他们在自行承担花费和风险的情况下去攻击敌方船只。在中世纪，这被称为"布网"，后来改称（有许可的）私掠。

从 1389 年开始，梅克伦堡的海港向所有人开放，只要他们的船愿意自行参与对抗北欧三国商船的海战。如此一来，在敌方受到攻击的同时，自己的战争资金也得到扩充。为了日后也能分得一杯羹，海盗们通过一种特殊的文件，即所谓私掠许可，以梅克伦堡公爵的名义掠夺敌方的商船。

梅克伦堡公爵的号召收到了立竿见影的效果。由于能迅速赚取利润，来自社会各个阶层的无数野心家，在金钱的驱使下集结在梅克伦堡海港。根据一份史学资料的描述，这些人包括"许多城市的贵族、市民、公务员、农民"。很多持有私掠许可的海盗生活在中世纪社会的最底层，他们当中就有施托特贝克和哥德克·米切尔斯。有关这两人的生平，如今几乎无从考证。据推测，他们都来自维斯马，并从1394年起成为波罗的海上臭名远扬的海盗首领。

梅克伦堡公爵颁发的私掠许可在初期的确很有成效。那些私掠海盗甚至成功地冲破了丹麦的海上封锁，为效忠于梅克伦堡公爵、被丹麦围攻的斯德哥尔摩人提供生活物资或者"食物"，这也是"威塔利安兄弟同盟"（Vitalien，意为"食物"）名称的由来。女王玛格丽特一世也开始颁发私掠许可，于是在接下来的几年里，威塔利安兄弟同盟以及丹麦的海盗们犹如蝗虫一般横扫波罗的海，甚至还掠夺来自家乡的船只。维斯比、马尔默，以及其他地方的很多海港城市都被洗劫，整个波罗的海的航运陷于瘫痪状态。

在这个时期，统治波罗的海政坛的已经不仅仅是那些相互争战的公爵。自从丹麦国王瓦尔德马四世于1370年战败，汉萨同盟也跃居强大势力集团之列。对于依赖海上贸易的汉萨同盟来说，这种海上私掠的后果是灾难性的，所以他们自然把这些拥有私掠许可的海盗当成普通海盗看待，无论他们手持什么样的许可，都根据《圣经》中"以牙还牙，以眼还眼"的原则，进行严酷的惩罚。吕贝克的编年史学家记录了一个案例：1391年，一艘施特拉尔松德的商船成功地击退了威塔利安海盗，并且俘虏了其中很多人，可由于船上甲板位置有限，无法容纳所有俘虏，于是施特拉尔松德人就采取惯用的运送俘虏的方式：把威塔利安兄弟同盟的人双手绑起来，放进大罐子里，在罐子靠近头部的一端凿几个洞眼；一些海盗还没到达施特拉尔松德刑场，就被斩首了。

汉萨同盟

汉萨同盟是欧洲历史上最神奇的现象之一。像这样一个组织松散，但具有不可小觑的经济、政治能力的贸易港口同盟，可谓空前绝后。

汉萨同盟最初起源于几个从事远程贸易的德意志商人。他们从 12 世纪初开始结成了名为"汉萨"（Hanse，在中古低地德语中有"群"或者"队伍"之意）的同盟，目的是共同应对在其他国家海域贸易的危险，并在那里取得贸易权利。这个商人群体为日后汉萨同盟的贸易网络奠定了基础。在后来出现的四大汉萨同盟商站——伦敦、布鲁日、卑尔根和诺夫哥罗德——之间的商品贸易日益繁荣。从西欧运来的高价手工业商品，如红酒、佛兰德斯的纺织品、波罗的海地区的谷物和其他原材料都在这些城市交换贸易。其主要的运输工具就是一种高舷帆船，这也是汉萨同盟一直的标志。

14 世纪中叶，汉萨早期的商人同盟形式被城市同盟取代。1358 年，史料中第一次提及"汉萨城市"，同时汉萨同盟内部的决议从海外商站转移到了德意志本土。汉萨同盟的巅峰被认为是 1370 年战胜丹麦后签订的《施特拉

　　汉萨同盟内部的矛盾也使波罗的海的矛盾激化。同盟成员中的罗斯多克和维斯马不赞同向威塔利安兄弟同盟的人关闭海港，他们觉得自己有义务忠于梅克伦堡公爵。当然，还有一个原因是精明而务实的罗斯多克、维斯马商人和私掠海盗之间的生意很好，这和他们反对关

尔松德条约》，随着丹麦国王瓦尔德马四世的战败，汉萨同盟跃升为北欧的强大势力集团。但是之后不久，新的竞争对手，尤其是荷兰人的出现，使得汉萨同盟开始走下坡路。此外，由于通往印度和美洲大陆的新航线的开通，从 16 世纪开始，欧洲的远程贸易转向大西洋，地处新的贸易航线中心地带的荷兰跃升为欧洲经济大国，波罗的海地区逐渐沦为贸易的边缘地带。尽管如此，一直到 17 世纪，吕贝克仍是波罗的海最重要的商业城市。1669 年，汉萨同盟解体。

这幅创作于 15 世纪的铜版画，展示了一艘汉萨同盟的商船。

闭海港的态度有很大关系。

鉴于如此紧张的局势，其他汉萨同盟城市在吕贝克的领导下，在1392年决定发起进攻。他们最初打算通过适当的防护措施来保护海上贸易：让商船在护卫船队的陪同下出行，或者直接派遣自己的船队，主动进攻丹麦和梅克伦堡的私掠海盗。讽刺的是，船队偏偏名为"和平船队"。此外，汉萨同盟里经验丰富的外交官们奔走于斯堪的纳维亚诸国和梅克伦堡公爵之间进行调停。在汉萨同盟的经济、政治势力的极大影响下，1395年，那些一开始态度并不十分坚决的主战派决定停战。根据停战协定，玛格丽特一世给阿尔布雷希特三世3年时间，3年之后，阿尔布雷希特三世要么缴纳赎金，并回到监狱；要么被移交给玛格丽特一世，归汉萨同盟的斯德哥尔摩管理，作为其良好行为的保证。

这次冲突以梅克伦堡公爵的惨败收场。1397年，3年期限还未结束，玛格丽特一世的甥外孙埃里克就在丹麦、瑞典、挪威的世俗贵族以及神职人员在场的情况下，在卡尔马加冕为国王。由此，这3个斯堪的纳维亚国家共戴一主，联合成为卡尔马联盟，埃里克加冕后得以统治这个联盟。阿尔布雷希特三世不仅失去了夺取丹麦和挪威王位的机会，还失去了自己的瑞典王国。

现在，梅克伦堡的贵族们不再需要私掠海盗了，但是威塔利安兄弟同盟的人并未想到这一点。随着战争的结束，他们的海盗行为不再合法，因而失去了合法的生计来源。他们决定继续海盗营生——即使没有许可，需要自行承担所有的风险。他们的领头人中就有施托特贝克和米切尔斯，这两人在私掠海战中从零开始学习海盗营生，并逐步升任为船长。

就这样，这些私掠海盗在战争结束后重操传统的非法海盗行当，而且一开始非常成功，因为波罗的海周边国家之间的不和恰好对其有利。敌方各国之间相互牵绊，威塔利安兄弟同盟最初只需要对付几次零散的攻击。比如 1396 年，一支丹麦舰队在海上猎捕海盗时，碰巧遇到汉萨同盟的商船队。汉萨同盟错误地把丹麦人当成海盗，马上展开了猛烈攻击。在一阵血腥海战后，丹麦战败，汉萨同盟这才确认和自己交手的是丹麦人，而不是海盗。

由于波罗的海地区政治状况如此混乱，威塔利安兄弟同盟甚至在 1397 年占领了战略地位极佳的哥得兰岛。之后，他们把这座岛建成了一个海盗基地。可是没有了政治靠山，这些普通的海盗很难长期统治波罗的海。这时，德意志条顿骑士团为了维护普鲁士海港的海上贸易，并确保自己的政治权力不受丹麦影响，其首领康拉德·冯·荣金根，肩负起了剿灭海盗的使命，并采用自己的方式完成了任务。1398 年初，通过一次筹划和执行都堪称完美的军事行动，他袭击了威塔利安兄弟同盟的冬季大本营。只有少数几个海盗得以摆脱这场噩梦，逃亡生还。

这次袭击，加上接下来几年横行于波罗的海、实力不断增强的吕贝克和普鲁士战船，使波罗的海直到 1400 年再没有受到海盗干扰。但威塔利安兄弟同盟的部分人，其中包括施托特贝克和米切尔斯，仍旧成功返回德意志的北大西洋海域，继续胡作非为。他们尤其活跃在多拉特海湾和亚德布森海湾之间，因为这里得天独厚的地形对他们的海盗活动非常有利：这里没有汉萨同盟的海港城市，驻扎于此的弗里斯兰歹徒头目们长期陷入武力自卫的泥潭，巴不得能拉拢威塔利安兄弟同盟，于是非常愿意向他们提供庇护所。

但汉萨同盟城市并不愿意继续忍受转移到北大西洋海域的海盗的骚扰。因此，在 1400 年的汉萨同盟大会上，同盟成员决定装备一支由 12 艘高舷帆船组成的船队。同时，汉萨同盟的成员汉堡和不来梅为了保护自己的商船，还自行派遣船队去猎捕海盗。1400 年前后，汉堡市议员赫尔曼·朗格和尼古拉斯·索科在赫尔戈兰岛成功捕获了施托特贝克。在这次战斗中，约 40 名威塔利安兄弟同盟成员被杀，包括施托特贝克在内的 70 人被俘虏，不久，他们就在汉堡的格拉斯布鲁克刑场被斩首了。仅 1 年后，汉堡人又逮捕了米切尔斯及其同伙，并同样处以斩首。骇人听闻的海盗闹剧终于得以收场。

在长达 25 年的时间里，汉萨同盟在波罗的海和北大西洋的贸易航线不断遭到威塔利安兄弟同盟的破坏，这群海盗的历史影响不可小觑。虽然同时代的史料证明了施托特贝克和米切尔斯的存在，但是他们的出身以及私人生活至今无从考证。除了少量有据的史实，就只剩下威塔利安兄弟同盟的传说了。

施托特贝克成了著名的德意志海盗的代表——尽管在史料中米切尔斯在威塔利安兄弟同盟中的地位更重要。无数有关施托特贝克的传言流传至今，很多小说家和史学家甚至把他当成一名社会革命者，一个"海上鲁滨孙"，把威塔利安兄弟同盟的人当成"平均主义者"。据说他们把"猎物"平均分配给各个成员，俨然一个和等级社会截然不同的团体。

但数量极少的现存史料并无法证实这个观点。流传至今的威塔利安兄弟同盟的名言——"（我们是）上帝的朋友，全世界的敌人"——或许能诠释威塔利安兄弟同盟批判社会的态度，但它更加证实了这些海盗的胆大妄为和自负。他们既没有把劫获的"猎物"平均分配，也没有赠送给穷苦人。史料证明，克劳斯·施托特贝克和其他牟取暴利的人一样，只有一个动机：赤裸裸的贪欲。他们根本不是社会变革者，而仅仅是罪犯。

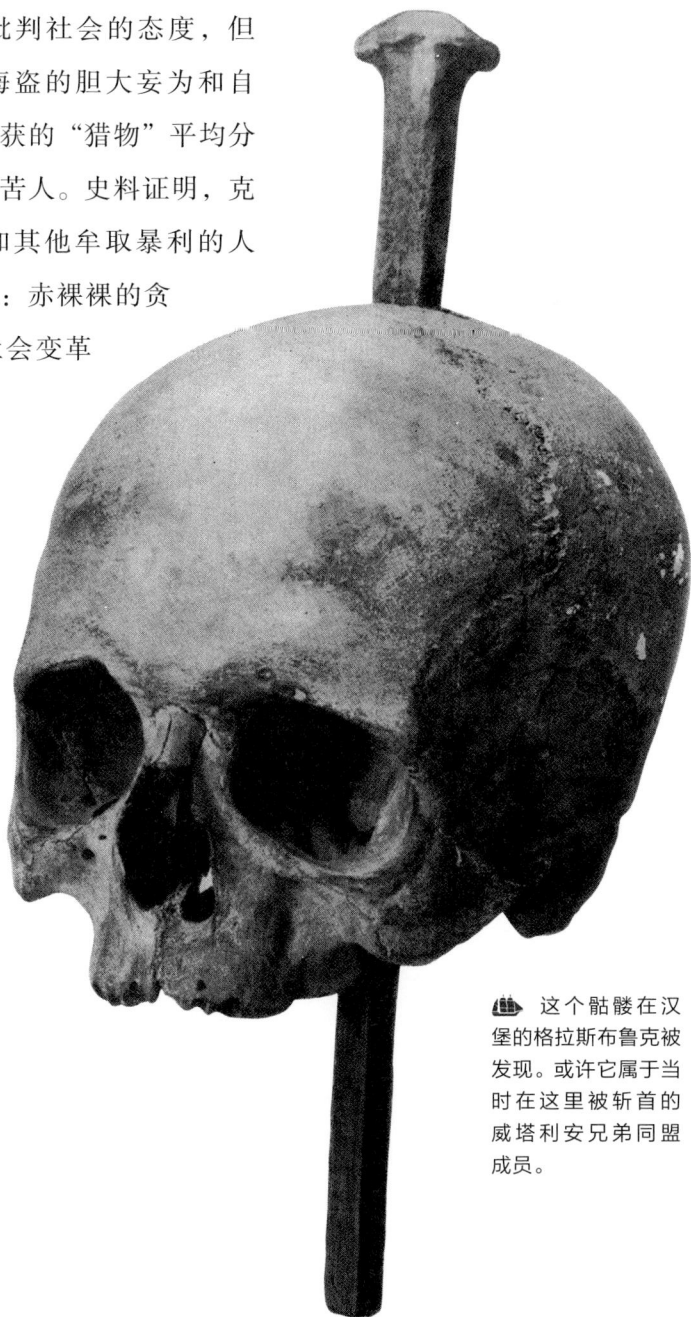

这个骷髅在汉堡的格拉斯布鲁克被发现。或许它属于当时在这里被斩首的威塔利安兄弟同盟成员。

郑和:
伟大的航海家

这一定是一幅令人窒息的壮景:放眼望去,船只覆盖了整个海面。其中的几艘船竟如此之大,以至于被误以为是漂浮的岛屿。当欧洲的葡萄牙还在艰难地用小帆船一步一步探索非洲未知海岸的时候,中国已经派遣当时世界上最庞大的船队出海远航了。

1405—1433年,中国的航海家和外交官郑和带领他的中式帆船舰队进行了七次探险远航,并为当时人类对世界的认知插上了幻想的翅膀,甚至有人推测,这支中国的船队曾绕过非洲,到达了欧洲。就算没有这些无法证实的大胆推测,郑和的故事也已经是个传奇了。

中国的航海活动和海上贸易开始的时间较晚。几个世纪间,中国航海家们的活动局限在内海和海岸线附近。他们使用河船运输,这些船底部平坦,没有龙骨,立起的两侧和甲板几乎成直角,中间建有方格式的船舱。后来的中式帆船,即带有一根或多根桅杆的中国传统帆船,就在此基础上孕育而生,并发展出无数种中式帆船的类型。

中国人的第一个海上航行时代始于秦汉时期(公元前221—公元220年)。当时中国人的航海线路穿过黄海,到达了今天的韩国和日本。到9世纪,中国商人活跃在东南亚和印度。1000年前后,中国已经有适合深

这座伟大航海家郑和的雕像屹立在江苏省南京市的郑和公园内。

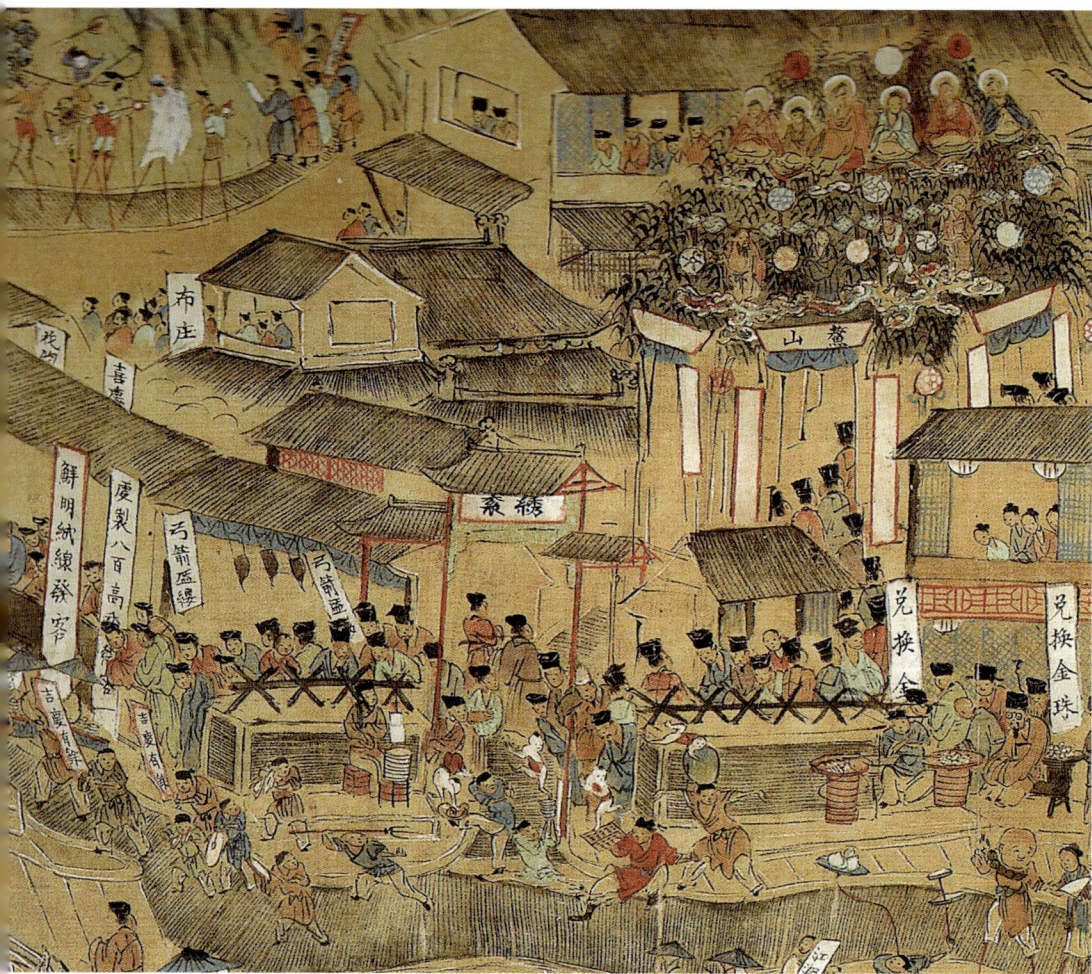

🚢 这幅创作于明朝的《南都繁会景物图卷》（局部），描绘了当时南京城商业兴盛和市民生活的繁华景象。

海和浅海航行的多种船型。到了宋代，中国人在南部海域的航行得到发展。中国商人用精美的瓷器和纺织品，尤其是丝绸和金属制品，换取宝石、香料、谷物和棉织品。

到元朝时，中国的商船队已到达了苏门答腊岛、锡兰（今斯里兰卡）和印度南部。欧洲人笔下第一次出现的对中国船只的描述就始于这个时期。来自威尼斯的商人马可·波罗在他的游记中描述了有 4 根桅杆的中国商船，可容纳 300 名随行人员以及多达 60 名商人。这是马可·波罗亲眼所见，因为在 1292 年返回欧洲的过程中，他曾乘坐过这样的中式帆船。这些船由松木和冷杉木建造而成，并由铁制铆钉固定，船体是双板构造，此外还配有船尾桨和把船舱分成多个水密仓库的横舱壁。这样的密封技术直到 19 世纪才在欧洲普及。倘若出现渗漏，这些横舱壁能阻止水漫延到整个船舱，从而起到抗沉的作用。

此时的中式帆船已经配备典型的帆具设备：依据船的大小，每根桅杆上都挂有梯形的吊耳帆，即一种横帆，其顶部的横杆比底部的要短。用席子制成的船帆被竹竿穿插，并通过粗绳固定，以便扬帆起航后，风力能够均匀分布在船帆上。船上的桅杆是有弹性的，而且它们的位置经常不对称，所以那些不在中线上的桅杆必须用几条支索和侧支索支撑。和欧式的帆船不一样，中式帆船的帆可以灵活转动，所有的船帆都可以直接在甲板上操纵，因此帆船更便于操作，也更能适应风向。凭借这种帆船，中国抵达了北部的朝鲜半岛、日本，以及南部的越南、泰国。

约 1371 年，郑和出生在中国云南昆阳的一个穆斯林家庭中。据传，他的家族原本是蒙古总督的后裔。郑和 10 岁时，云南被新成立的明朝政府军队占领。于是，郑和被捕，随军到南京后入宫，被阉割后服役。当时的宦官听命于一国之君，这为郑和提供了高升的机会。1385 年，郑和随军奉调北平府（今北京）。到了 1390 年，他所在的部队隶属于燕王朱棣部下，此时勤奋而有才干的郑和已经晋升为军官。他在外交方面的天赋也显现出来，结交了王宫里有权势的朋友。

1399年，朱棣起兵反对自己的侄子建文皇帝。这场血腥的内战持续了两年，燕王朱棣成功登上帝位，成为永乐皇帝。身为篡位者，永乐皇帝上位后首先要做的就是让自己的皇位合法化，并加以稳固。因此，他把首都从南京迁到北京，并在北京建造新的皇宫"紫禁城"。朱棣带兵北上征战蒙古，南下对抗越南。同时，为了在海上彰显他的权威，还命人建立了一支规模宏大的船队。朱棣尤其信任宦官，他认为宦官无法成立家庭，只会效忠皇帝一人。因此，忠诚于朱棣的郑和如愿晋升到朝廷的最高职位。1403年，郑和被任命为海军上将，并管理船队。他带领这支船队走访了东南亚，但本次海上探险的目的在于向邻国彰显大国风范，从而抵消之前对永乐皇帝的帝位合法性的怀疑。

1405年，郑和带领62艘大型船只、255艘小型船只，开始了他的第一次下西洋。其中最大的一艘被称为"宝船"：它长达120余米，宽50余米。相比之下，克里斯托弗·哥伦布在1492年发现美洲大陆时所乘坐的"圣玛利亚"号，据推测至多长25米，宽约7米。郑和的宝船船身的横切面呈V字形，比起长度，它的宽度更为惊人，这使它能在水上保持平稳。甲板壁装饰精美，彩绘绚丽，皇帝使者的住处布置得更是奢华。9根红色的船帆桅杆，为这庞然大物提供驱动力。此外，船上还配置了大炮和士兵，随行人员达1000多人。

整支船队的随行人员近28000人：除了水手和士兵外，还有商人、工匠、神职人员和占星师。船上载有

永乐皇帝的铜像。在他的支持下，郑和开始了远洋探索之旅。

丝绸和瓷器，以便途中换取香料、檀香木、宝石和珍禽异兽。

1405—1407年的第一次航海途经越南、爪哇岛、马六甲和锡兰，最终抵达了印度的古里，中国人在那里用丝绸和瓷器换取了胡椒。返程途中，郑和及其手下击退了企图破坏中国和印度之间海上贸易的海盗。

郑和是否参与过第二次航海，学界目前仍有争议。等到了第三次，他再次出海。这次出海船队的规模有48艘，随行人员约30 000人。1409年，他们再次驶向印度。在锡兰，即如今的斯里兰卡，这支船队并没有受到欢迎。锡兰的国王亚烈苦奈儿对中国人充满了敌意。于是郑和命人擒拿了亚烈苦奈儿，并于1411年把他押送到南京。在这次航海归途中，郑和船队还访问了苏门答腊岛。

1413年，郑和带领63艘船、约28 560名随行人员开始了第四次下西洋远航。这次，他们到达了霍尔木兹岛和波斯海湾。船队被分成两支，一支沿着非洲东海岸一直到达莫桑比克，另外一支则走访了麦加和埃及。1415年，这支满载货物的船队回到南京。同时，他们还带回了来自南亚和东南亚30多个国家的大使，因为他们都想觐见中国皇帝。

1417—1419年，郑和第五次下西洋，并再次到达波斯湾和非洲东部海岸。第六次下西洋始于1421年，这次他途经东南亚、印度和波斯湾，抵达了非洲，并完成了此次远航的主要任务，即把当年来觐见的外国大使们送回各自的国家。1422年，郑和船队回到中国。

1424年，永乐皇帝去世。他的儿子洪熙皇帝继位，

这个中式帆船的模型制作于20世纪。郑和下西洋时代以后，中国的传统造船方式再没有大的改变。

下诏停罢下西洋事业。郑和被任命为军事指挥官，镇守南京。然而，洪熙皇帝于 1425 年就去世了，他的继位者宣德皇帝并未放弃远航。1431 年，郑和受皇帝之托，带领 100 艘船，以及 27 500 名随行人员再次出海。这次远航的目的地仍旧是东南亚诸国、印度、波斯湾和非洲东部海岸。1433 年，郑和船队回国。

可能在航海途中，也可能在回国后不久，郑和就去世了，有关他去世的记载是相互矛盾的。郑和带领的船队曾到达印度、非洲东部和红海，行程达 50 000 公里。相比之下，欧洲探险家们出海远航不是为了占领陌生国家，就是出于科学研究方面的好奇心，或者企图开辟新的商贸航海线路。但是对于中国人来说，航海主要是为了在印度洋周边诸国彰显中国的国威。不过也有人推测，郑和下西洋的主要目的是向海外流放高级官员，或许郑和本人也陷入了国内的政治纠纷，因而必须到海外躲避。

但无论他出行的目的是什么，郑和下西洋从一开始就遭到朝廷内儒家保守派的反对。宣德皇帝于 1435 年去世后，继续出海远航的计划被终止。新即位的明朝皇帝使中国又回到了海禁的状态。郑和的航海记录全部被销毁，中国人和外界几乎断绝了往来。在明朝皇帝的规定下，中国的臣子都不得离开国土，外国人也不得进入中国。海上航行受到限制，最终连多桅杆的帆船建造也被禁止了。到 1500 年，中国的船队规模只有辉煌时期的十分之一。1513 年，当第一位葡萄牙人抵达中国海域时，中国昔日的海军力量早已荡然无存。1557 年，新移民被允许在澳门定居，这里很快就成为葡萄牙在东亚的商贸中心。在很长一段时间里，这里也是中国唯一的开放港口。当中国继续与世隔绝时，欧洲人陆续在亚洲建立了自己的殖民地，其中包括当年郑和走访过的地方。

无论如何，郑和下西洋的壮举仍旧留下了积极影响：中国对世界的了解增多，向海外移民的数量也随之增长。不少来自中国南部的商人离开了自己的家园，移居东南亚，并在那里建立了商贸网络，其影响一直保持到 19 世纪。

如今在中国南京有一座墓，就是官方的郑和墓，尽管墓里是空的。此外留存于世的还有三座船坞，当年就是在这里诞生了举世闻名的中国船队。

A. DORIA

安德烈亚·多里亚：
查理五世的海军元帅

还有 5 天就是他 94 岁生日了。1560 年 11 月 25 日，安德烈亚·多里亚转身面向墙壁，随即倒下去世。这位勇士能如此安详地死去，几乎就是个奇迹。他的名字或者因为 1955 年一艘名为"安德烈亚·多里亚"游船的沉船事故，或者因为乌多·林登贝格的热门歌曲《"安德烈亚·多里亚"号上一切安好》而广为人知。不过在 15、16 世纪的欧洲，他确实是最著名的海军将领之一。在漫长而曲折的戎马生涯中，他服务于热那亚共和国首脑、法国国王和神圣罗马帝国皇帝查理五世。

由此可见，他的生平以及当时欧洲的政局是多么复杂。数百年间，拜占庭都是统治地中海的唯一大国。但在 7 世纪，随着伊斯兰教的传入，一个新的政治势力进入版图，从此开始了长达几个世纪的基督教与伊斯兰教之间的争战。

与此同时，地中海的航行船只并没有因此停滞，而且相反，通往四面八方的货运和客运航路热闹非凡，尤其是意大利的海上共和国通过贸易变得十分富裕。从 13 世纪起，威尼斯和热那亚两个共和国借助自己强大的船队掌控着地中海东部海域，但二者之间愈演愈烈的竞争很快就变成了一场长期的武装冲突。最后，热那亚不得不在 1381 年通过《都灵和议》承认了威尼斯在地中海

喜欢矫揉造作的画家阿尼奥洛·布龙齐诺把和他同时代的安德烈亚·多里亚塑造成了罗马神话中统治江河湖海的海神尼普顿。这幅画展示了多里亚在热那亚人心中的强大凝聚力。

东部的统治地位。之后，热那亚受异国势力的影响越来越深，1396 年起，热那亚先后被米兰、那不勒斯、法国和蒙费拉总督统治。

与此同时，奥斯曼土耳其帝国正在不断扩张，这不仅在金融和军事方面动摇了拜占庭帝国的地位，还使威尼斯人在地中海东部的统治地位受到威胁。1453 年，奥斯曼帝国占领了君士坦丁堡，终结了拜占庭帝国。地中海东部海上势力的格局被打破，并且逐渐倾向土耳其人。在地中海西部，穆斯林被驱逐出伊比利亚半岛，西班牙开始向北非扩张，由此展开了长达几个世纪的穆斯林巴巴里海盗和基督教势力之间的争战。

在这个动荡不安的时代，热那亚古老贵族的后代安德烈亚·多里亚，于 1466 年 11 月 30 日在米兰大公国的奥内利亚出生。从 12 世纪起，多里亚的家族就属于热那亚城的统治家族之一，不少军事和政治首领都来自这个家族。年轻的多里亚很早就开始了他的军旅生涯。作为雇佣军首领，他曾服务于教皇英诺森八世和其他意大利君主，其中包括那不勒斯国王费迪南多一世和他的儿子阿方索二世。当时意大利各个公国之间争战不断，因此靠当雇佣军谋生的多里亚一直都很忙碌。

尽管一开始服务于外族，但多里亚和家乡热那亚一直保持着联系。1501 年，他开始在家乡任职，他的天赋与才干使热那亚在不久之后就受益。1503—1506 年，他帮助自己的叔叔多梅尼科镇压了科西嘉岛上反对热那亚统治的起义。此外，他还装备了 8 艘帆桨大战船，并于 1513 年受命成为热那亚海军上将。1519 年，多里亚在皮亚诺萨岛大胜土耳其，战胜奥斯曼人，并打败了让地中海上人心惶惶的北非巴巴里海盗，这些成就不仅提升了多里亚作为军官的声望，还增加了他的个人财富。

巴巴里海盗的崛起始于哈鲁克和哈尔·亚奎兄弟，绰号"巴巴罗萨"。他们出身于一个皈依伊斯兰教的希腊家族。1473 年出生的哈鲁克年轻时曾被基督教徒俘虏，被迫在船上当了几年奴隶。重获自由后，他便成了一名海盗。他的弟弟哈尔选择追随他，两人都是训练有素的水手和无所畏惧的勇士，他们出其不意的袭击很快使他们成为地中海上令人畏惧的海盗。1516 年，哈鲁克成为阿尔及利亚城的主人，但在 1518 年与西班牙人的战斗中败下阵来。之后便由弟弟哈尔接任他在巴巴里海盗中的统领位置。

哈尔不仅是个胆大妄为的海盗，也是个聪明的政治家。他

海雷丁被认为是 16 世纪最令人畏惧的海盗之一。他来自莱斯博斯岛。1500 年前后，他和哥哥哈鲁克一起来到北非。几年后，他们在这里建立起自己的势力范围。

臣服于伊斯坦布尔的苏丹，不仅获得了政治上的合法权益，也获得了大炮、弹箭和士兵的储备。同时他还享有苏丹授予的荣誉称号"海雷丁"（意为"信仰之善"）。在接下来的几年里，海雷丁把阿尔及利亚城建成了一座有防护设施的军事基地，并在这里掌控着地中海西部的船只。1530 年前后，在他手下待命的船只已经有 40 多艘，由此他也成了热那亚海军上将的直接对手：海雷丁和多里亚在接下来的几十年里经历了一次又一次的交锋。

在地米斯托克利和阿格里帕的时代，地中海上最受欢迎的战船就是容易被掌控的大帆船。但在之后几百年间，这种战船的构造被完全改变。上下多层桨的模式在 15 世纪时被替换成一排长桨，每支桨都很重，必须由多人驱动。当年的希腊和罗马船队聘用的桨夫都是自由人，而在多里亚的时代，则由越来越多的奴隶充当桨夫——基督教一派的战船使用穆斯林奴隶，而在穆斯林的船上服役的桨夫很多都是基督徒囚犯。

如果有人倒霉地在海上陷入敌方之手，接下来他要么支付一笔赎金重获自由，要么就得被当成奴隶贩卖。如果他既不适合当奴隶，又不能支付赎金，那就会被杀死。为了防止桨夫反抗，这些奴隶被用铁链拴在甲板上，每天他们都得在肮脏的座板上累死累活地做苦役，即使遇到风暴也没有相应的保护。他们每天劳作 10～20 个小时。倘若有人没用尽全力划桨，还会受到无情的鞭笞。如果有人劳累致死，他的尸体就会被扔进海里，没有任何仪式悼念他的死亡。

和古典时期的战船一样，中世纪那些灵活而快速的战船也不适合深海航行，基本只在海岸线附近活动。中世纪的战船也如同罗马人的三桨船一样能借助风力航行，但所使用的帆并非四角的梯形帆，而是悬挂在倾斜的长桅杆上的巨大三角帆。船头配有大炮，但发炮的方向只能是船前行的方向，所以在海战中，起决定性作用的并非炮弹，而是近距离的血腥肉搏；那些参与海战的水兵一般都要想办法到敌船上，以便和对方水兵搏斗。

多里亚带领他的船队，多年对战巴巴里海盗以及奥斯曼船队。但1522年，他得面对一个强大的新对手：神圣罗马帝国皇帝、西班牙国王查理五世。他入侵意大利，占领了多里亚的家乡热那亚，并驱逐了所有倾向法国一派的人。多里亚最渴望达到的目标是家乡的独立，于是他加入了查理五世的死敌——法国国王弗朗西斯一世的阵营。弗朗西斯一世任命多里亚为法国地中海船队的司令。

借助这个新职位，多里亚想通过他手下的战船破坏那些已经进军普罗旺斯的帝国军队的后援。1524年，在多里亚的逼迫下，帝国军队放弃了对马赛的围攻。但是弗朗西斯一世在帕维亚战役中战败而被帝国军队俘虏，于是多里亚决定投靠教皇克雷芒七世。这时的他不得不暂时放弃自己的心愿，暂缓把热那亚从教皇手中解放出来的计划。

但到了1526年，《马德里和约》再次改变了局势。弗朗西斯一世恢复自由，并再次对抗查理五世。于是多里亚又一次投靠弗朗西斯一世。之后不久，他就在法国人的帮助下把帝国军队驱逐出了热那亚。由此，热那亚成为名义上独立，实际上受法国保护的共和国。但在

⛵ 16 世纪末，克里斯托弗·格拉西创作了这幅热那亚海港全景图。贸易和航海对这座城市至关重要。

多里亚心里，他并不信任法国国王，因为他觉得自己没有受到弗朗西斯一世的公正对待：后者没有支付承诺过的佣金，而且法国迟迟没有按照之前商定的把萨沃纳交给热那亚。

　　1年后，多里亚参与了那不勒斯围城战。那不勒斯
从1503年起就处于西班牙哈布斯堡王朝的统治下。法
国人从陆地封锁了这座城市，同时多里亚带领热那亚船
队从海面进行封锁。此外，这支热那亚的船队还击退了

西班牙的后援海军。不过这是多里亚为法国人做的最后一件事了。由于担心热那亚会被法国掌控，多里亚决定转换阵营。这次他投奔了以前的敌人——查理五世。与此同时，他下令船队撤离那不勒斯。1528 年 9 月，他把法国人赶出了已经受查理五世保护的热那亚。经过了 100 多年，现在的热那亚终于在多里亚的努力下重获自由。热那亚人为他准备了盛大的欢迎典礼，查理五世也重赏了他，授予他皇家海军上将的职位以及梅尔菲公爵的称号。在接下来和法国对战的几年里，多里亚是查理五世不可多得的盟友。而多里亚同样借助查理五世，把自己的势力拓展到整个意大利。

虽然并没有官方的政府职位，但是多里亚在热那亚的强大影响力一直保持到了他去世。作为这座城市的新统治者，他清除了各方党派，避免他们之间的矛盾影响到共和国的稳定，并建立了一个新的寡头政治制度。从此以后，领头的贵族家族牢牢掌控着统治权。多里亚所建立的政府机构一直沿用到 1797 年拿破仑入侵。

与此同时，多里亚多次担任舰队将领，并取得同地中海穆斯林海战的胜利：1532 年，他沿着当时还属于奥斯曼帝国的希腊海岸线展开了一场洗劫，并占领了克伦城和帕特雷城。

这些胜利不仅使多里亚在基督教势力中备受瞩目，还引起了君士坦丁堡的注意。于是苏丹开始反击，他任命海雷丁为卡普丹帕夏，即最高元帅，并在 1534 年派他带领一支新组建的海军从伊斯坦布尔出发，私掠地中海西部船只。查理五世试图阻止奥斯曼帝国的继续逼近，但徒劳无功：同年，海雷丁占领了突尼斯城。

提齐安诺·维伽略于 1548 年创作了这幅查理五世的肖像画。在这位皇帝眼中，最紧迫的任务是保护基督教的西方世界不受穆斯林的侵扰。

　　法国和西班牙之间的战争尤其阻碍了当时基督教国家间的联盟。1535年，法国和奥斯曼帝国甚至还联合共同对付西班牙。但查理五世并不准备忍受突尼斯城被海雷丁占领。他召集了陆军，还组建了一支拥有500艘船的海军，准备在北非登陆。在多里亚及其船队的积极参与下，帝国军队夺回城镇，驱逐了海雷丁。虽然多里亚让他的对手遭到惨败，但这些海盗还是成功逃脱。不到1年，这些海盗的船队就又来到了西班牙的巴利阿里群岛。

　　随后，海雷丁再次回到阿尔及利亚城，并在那里继续他的海盗营生。1538年，多里亚和海雷丁这对死敌再次交锋。在普雷韦扎海战中，海雷丁在希腊西海岸战胜了由多里亚指挥的一支西班牙—热那亚—威尼斯联合海军。但由于多里亚原本就是个因诡计多端而出名的雇佣兵，很多与他同时代的人以及史学家都认为，多里亚是故意输掉这次海战的，目的就是报复热那亚多年的敌人威尼斯。

　　1541年，查理五世再次向北非进攻，但他未能占领海盗老巢所在地阿尔及利亚城。一场风暴摧毁了他的战船，在损失了14艘战船和150艘运输船的情况下，查理五世决定撤退。多里亚曾强烈建议取消这次军事行动，但最终还是参与了进来。由于他出色的防御措施，查理五世在撤退时得以免遭全军覆没的厄运。

　　随着法国和奥斯曼土耳其越发频繁地联手，查理五世不得不独自抵抗土耳其人。1542年，海雷丁指挥的一支船队甚至协助法国军队占领了尼斯。1544年，海雷丁最后一次带领船队出海，这次他们洗劫了卡拉布里亚区

和加泰罗尼亚沿岸。接下来的几年里，海雷丁一直留在君士坦丁堡。直到 1546 年去世之前，他都是苏丹宫廷里的重要人物。

　　1544 年，当查理五世和弗朗西斯一世达成和平协议时，多里亚已经 78 岁高龄，但是他并不打算退休。尽管多里亚比对手海雷丁还年长几岁，但他所具备的能量是无穷的，所以他继续掌控着热那亚的船队。然而，他在热那亚政坛的地位并非没有受到挑战，因为这些年

⛵ 乔瓦尼·路易吉·菲耶斯基反对安德烈亚·多里亚离开法国阵营，将热那亚城置于查理五世的保护之下。菲耶斯基领导的叛变让自己付出了生命的代价。

来，他在那些亲近法国的城市贵族家族中树敌无数，他一次又一次地成为被陷害的目标。

1547 年，他的对手乔瓦尼·路易吉·菲耶斯基策划了一场阴谋，并得到法国国王弗朗西斯一世和帕尔马公爵皮埃尔·路易吉·法尔内塞的支持。他们密谋扳倒多里亚，并于 1 月 2 日开始发动进攻，占领了城门和海港。多里亚的侄子詹内帝诺，因为被怀疑是菲耶斯基妻子的情夫而被打死，多里亚成功逃离热那亚城，但菲耶斯基却在试图登上港口的一艘战船时溺水而亡，其他参与阴谋的人后来也都没逃过多里亚的血腥报复。1783年，弗里德里希·冯·席勒创作话剧《菲耶斯基在热那亚的谋叛》，用文学方式展现了这一事件。这次谋叛过后仅 1 年，多里亚就以牙还牙，进行了残忍复仇。后来也曾有其他企图陷害多里亚和他家人的阴谋，但都未能成功。

1550 年，多里亚再次率船队迎战巴巴里海盗，1553年又领军去科西嘉岛，并用 2 年时间在那里攻打法国人，但这些军事行动取得的效果都已不及他以前的辉煌。当最后一次完成攻打法国的任务后，88 岁高龄的多里亚决定于 1555 年退役，回归家庭生活。在人生的最后几年里，他的生活一直非常富足。1560 年 11 月 25日，多里亚在其 94 岁生日前离世。

安德烈亚·多里亚被认为是其同时代最伟大、最杰出的海军将领之一，是文艺复兴时期的雇佣军表率。他拥有非凡的策划能力，并由此成为举足轻重的军事首领。但他的性格是矛盾的，一方面，他非常勇敢、机灵、精力充沛；另一方面他也很贪婪、复仇心强、残

忍。作为一名马基雅维利派的实用主义者，他随时都有
可能转换阵营，无论是由于对方开价更高，还是基于他
自己的兴趣所在。唯有对家乡热那亚，他从来都是忠诚
的。为了让热那亚摆脱外族统治，获得自由，他一直在
奋战，历经多年，终于清除了内部矛盾，并赋予热那亚
一个稳定的新起点。

苏伦·诺尔比:
一个被废国王的海军上将

随着威塔利安兄弟同盟被驱逐，波罗的海私掠海盗的黄金时代也结束了，尽管仍有时常出没的海盗威胁着航海线路。克劳斯·施托特贝克和哥德克·米切尔斯被斩首120年后，他们的后继者苏伦·诺尔比登上了历史舞台。和当年的威塔利安兄弟同盟一样，诺尔比也利用了波罗的海周边国家之间的不和，几乎把这里的航海线路置于瘫痪状态。

据推测，苏伦·诺尔比（拉丁名也称塞韦林·诺尔比）于1480年前后出生在丹麦的菲英岛，是当地贵族的后裔。在政治经济大变革时代，他曾在15和16世纪担任丹麦国王约翰一世和克里斯蒂安二世的海军上将和陆军首领。

当时北欧的主要矛盾源于卡尔马联盟的存活问题。1397年，斯堪的纳维亚的3个王国丹麦、挪威和瑞典联合在一起，由同一个君主统治。但是这个由丹麦主导的联盟并不稳定：尽管丹麦国王在挪威手握重权，但他在瑞典遭到想要独立的当地人的抵抗。丹麦国王只能勉强维持这个北欧三国的联盟，为此经常不得不使用武力。

汉萨同盟在这场矛盾中也难以保持中立。丹麦和瑞典都试图拉拢吕贝克和其他汉萨同盟城市加入自己的阵营。这在一段时期内，汉萨同盟从14世纪开始的在政

汉萨同盟的船只不仅用于贸易，也同样适合参与海战：在对阵丹麦国王克里斯蒂安二世以及他的海军将领苏伦·诺尔比的海战中，汉萨同盟的船只参与协助瑞典。这是一艘16世纪汉萨同盟城市吕贝克的战船模型。

治和经济方面衰退的事实被掩盖了。德意志各地邦国的兴起以及与此相关的各个领主权力的增强，越来越威胁到吕贝克在波罗的海传统贸易中的统治地位。新兴的竞争对手，尤其是荷兰，为卡尔马联盟带来新的可能——摆脱汉萨同盟的控制。此外，内部成员之间的矛盾激化也导致汉萨同盟走向衰弱。

苏伦·诺尔比首次引起人们的注意是在 1509 年，当时他从瑞典起义军手中把芬兰的奥兰岛夺了回来。1510 年，由于丹麦又一次违反汉萨同盟的商贸特权，引发了所谓丹麦 – 吕贝克海战。在此战中，通过新组建的海军，丹麦人第一次动摇了吕贝克在波罗的海的贸易统治地位。1511 年，诺尔比参与了一场对阵吕贝克舰队

这幅铜版画展示了 1520 年 9 月 7 日，克里斯蒂安二世进军斯德哥尔摩的情景。他对瑞典的统治仅仅维持了 3 年，之后被驱逐。

的海战，但胜负难分。最终，这场战役随着《马尔默和平协议》的签订而结束。根据此协议，吕贝克必须第一次公开承认自己的竞争对手荷兰人有权自由进入波罗的海。由此可见，吕贝克在波罗的海称霸的日子已经屈指可数了。

诺尔比显然是个很有能力的人，他在事业上的发展非常迅速。1514 年，他已经是罗斯基勒的哈拉尔兹伯格领主了。1 年后，他成为"国王地方长官"，被派往冰岛。1517 年，诺尔比开始担任丹麦海军总司令，以及当时丹麦统治下的哥得兰岛的国王地方长官。

在此期间，多年来因卡尔马联盟引发的矛盾冲突再次爆发。和他的前任一样，1513 年即位的丹麦国王克里斯蒂安二世也想把瑞典置于自己的统治之下。早在 1512 年，小斯顿·斯图雷——一位拒绝与丹麦和解的贵族——就被瑞典人选为摄政者（或者国王长官）。1517 年夏，克里斯蒂安二世进军瑞典，但败给了小斯顿·斯图雷领导的瑞典军团。不过这位丹麦国王并不服输，第二年，他继续进军瑞典。这次他得到了诺尔比的极力支持：1519 年，诺尔比的海军船队占领了瑞典的厄兰岛和博里霍尔姆，并于 1520 年 5 月封锁了斯德哥尔摩海港。

1520 年是最为关键的一年：通过一场当时著名的冬季进军，克里斯蒂安二世再次攻入瑞典。在西约特兰，他成功击溃了小斯顿·斯图雷的陆军，但他自己也在此战中身受重伤。经此一战，瑞典起义军全线溃败：1520 年 3 月，瑞典贵族公开承认克里斯蒂安二世为统治者。但一直到 9 月初瑞典首都投降后，他才得以于

11 月 4 日在斯德哥尔摩加冕为瑞典国王。

身为典型的文艺复兴时期的君主，克里斯蒂安二世非常强势地执行他的权力政策，也从不畏惧使用武力。加冕庆典过后仅仅 3 天，这位一心想复仇的国王在没有正当理由的情况下，于 11 月 7 日下令将 80 多名反对他的瑞典人斩首。之后，这场声名狼藉的"斯德哥尔摩惨案"在整个瑞典继续。由此，"暴君"成了瑞典人为克里斯蒂安二世起的称号。

"斯德哥尔摩惨案"标志着克里斯蒂安二世在瑞典的统治开始走向终结。之后不久，在小斯顿·斯图雷的侄子古斯塔夫·瓦萨的带领下，瑞典再次爆发起义，这次起义获得了吕贝克的支持。

诺尔比仍旧坚定地跟随他的国王：在瑞典的达拉纳省，他镇压了起义军，并驱逐了奥兰岛和芬兰境内的瑞典人。但即使取得胜利，整场战争对克里斯蒂安二世仍旧很不利。这位国王非凡的天赋导致自己到哪里都不受欢迎，最终他的对手吕贝克、瑞典，还有那些被他的反贵族政策激怒的丹麦豪绅贵族，再加上他的叔叔，即石勒苏益格－荷尔斯泰因公爵弗雷德里克一世，相互结成了反对他的同盟。1523 年，克里斯蒂安二世陷入了绝望的军事困境，以至于不得不逃往荷兰。当时的荷兰还属于他的姻兄神圣罗马帝国皇帝查理五世的管控范围。

如此一来，北欧的局势被重新洗牌。古斯塔夫·瓦萨被选为瑞典国王，克里斯蒂安二世的叔叔弗雷德里克一世登上丹麦和挪威的王座，由丹麦、瑞典和挪威三国组成的卡尔马联盟就此告终。

前丹麦国王被放逐到了哥得兰岛，身边仅有最后一名忠臣——诺尔比。14世纪末，威塔利安兄弟同盟时代结束后，波罗的海上的岛屿就成为受自由海盗和私掠海盗青睐的根据地，因为他们从这里能轻易破坏所有海上商贸航线。

诺尔比也利用了哥得兰岛得天独厚的地理位置，以

汉萨同盟时代的海战

自由海盗、敌方战船以及私掠海盗的攻击和抢劫，是满载货物的汉萨同盟商船随时都可能面对的威胁。汉萨同盟城市为了抵御这样的威胁，把商船集中组织成带有护卫的船队，还组建了自己的战船，但实行这些措施所需的开销非常大。

如果战争真的爆发，汉萨同盟的城市能够迅速组织一支庞大的船队：一部分商船直接被改造成战船。同时，由于经常应付海盗或者敌方船只，汉萨同盟的水手通常都有丰富的战斗经验。此外，在战争期间，城市居民也会组织队伍抵御外敌。从13世纪开始，汉萨同盟的战船上有了越来越多的雇佣兵。

和几百年后的船只用途不同，中世纪的航船仅仅用作运输工具或者决斗场所，而本身并不属于武器。当时的海上决斗其实就是陆上决斗，只是场地转移到摇晃的甲板上了而已。海战时，通常先要进入敌方的船里，然后通过格斗击败敌人。登船格斗之前，应尽量把敌方船员先除掉一部分，并破坏敌船桅杆和船身，向敌人投掷标枪。有些船还装备了巨大的弓弩或者投石装置，即所谓的重力投石机。

从15世纪起，越来越多的船上装备了新型的火药炮弹。1500年前后，船上开始开设炮口，这是船身上一个能防水且能

劫掠波罗的海上的船只。同时他还占据着维斯比——
一个易守难攻的军事基地。虽然诺尔比的海盗行为使他
被所有波罗的海周边国家视为眼中钉、肉中刺，但这些
国家还是难以在共同进攻哥得兰岛的军事行动上达成共
识，因为不仅丹麦和瑞典，就连吕贝克也想把这座岛占

打开的小窗，主要用于发射炮弹。由此，战船上开始装备重型
武器，它们不仅能消灭敌人，还能摧毁敌船。

🚢 这是一艘 16 世纪吕贝克战船的模型：三桅船的船尾装备了几门小口径的大炮。

为己有。由此产生的矛盾为诺尔比这样天生就不安分的人提供了天赐良机，于是他进一步挑拨离间，让已经很不明朗的波罗的海政治局势变得更加错综复杂。

1524 年 5 月，当一支由吕贝克幕后支持的瑞典军队进入哥得兰岛时，丹麦人马上通过外交方式向瑞典施压，而瑞典期待吕贝克的支持。但吕贝克并不打算冒险和丹麦开战，所以拒绝了瑞典国王古斯塔夫·瓦萨的求援。最终瑞典军队撤离。瑞典人对盟友吕贝克极为失望，开始逐渐疏远吕贝克，转而加深了和之前的敌人丹麦之间的联系。

无论这三方之间的矛盾如何，他们现在都想通过谈判来解决哥得兰岛以及诺尔比的问题。最终他们一致同意，把哥得兰岛的归属问题交给吕贝克这座与特拉沃河相连的汉萨同盟城市仲裁。

尽管诺尔比同意撤离哥得兰岛，也同意暂时不再私掠，但没过多久，他又开始了新的阴谋诡计。在和丹麦、吕贝克进行和谈的同时，诺尔比再次和克里斯蒂安二世取得联系，并开始在瑞典召集反对派。1525 年 3 月初，诺尔比主动发起进攻，进军当时还属于丹麦的斯堪尼亚。但在 3 月 28 日，他在隆德附近被约翰·兰曹领导的丹麦军队击败，从而不得不再次撤回哥得兰岛。

如今，吕贝克认为自己期待已久的时机终于成熟，它以彻底解决诺尔比的问题为由，自行争取哥得兰岛的主权。为了让丹麦接受这个既成事实，1525 年 4 月，吕贝克军队出其不意地攻进哥得兰岛。而丹麦的回应则是直白的最后通牒：倘若吕贝克不愿主动把哥得兰岛交给丹麦，那么丹麦将毫不犹豫地使用武力，以确保对

这是丹麦、挪威和瑞典的国王克里斯蒂安二世的肖像画。苏伦·诺尔比一直忠于这位倒霉的统治者。

哥得兰岛的统治，因为"当一切都无法奏效时，人们或许会采取一些早就能预料到的非凡手段"。

和吕贝克结盟的其他汉萨同盟城市不愿意为了维护吕贝克的利益而冒险挑战丹麦，所以都没有提供援助，这座特拉沃河城市只得妥协和退让。这次被遗弃的惨痛经历让吕贝克认识到，战胜克里斯蒂安二世的美好前景其实是自己的主观臆想，因为即使胜利了，所引起的政局变化最终只会有利于北欧诸国，并且会严重动摇像吕贝克这样的特拉沃河城市的传统势力。

最终经过艰苦谈判，吕贝克不得不忍受外交上的败局：1526年1月，吕贝克执行将哥得兰岛交付于丹麦的义务。作为赔偿，吕贝克获得博恩霍尔姆岛——一座战略地位并不重要的岛屿——至少50年的统治权。

与此同时，新的丹麦国王弗雷德里克一世向诺尔比承诺了一块封地，期望这位出了名的"牢骚鬼"最终能安分守己。但诺尔比对弗雷德里克一世感到失望，很快他又找到克里斯蒂安二世，想再次兴风作浪。此时，丹麦、瑞典和吕贝克终于忍无可忍，他们联合起来，在丹麦将领约翰·兰曹"现在最好除掉这个恶棍"的号召下，共同对付诺尔比。

为了彻底解决这个不安分子，联盟派遣了一支海军，于1526年8月在波罗的海消灭了诺尔比的大部分船只。诺尔比死里逃生后到了俄国。之后，他经过一番辗转，于1529年来到意大利，并在那里加入了神圣罗马帝国军队。1530年，诺尔比在参与围攻佛罗伦萨时阵亡——这是一个非常适合他的结束方式。

后人对苏伦·诺尔比的评价并不统一。在史料中，他的头衔既是海军上将，也经常是海盗。由此可见，在中世纪，有合法许可的私掠和非法的海盗行为之间并没有明确的界限，两者之间的区别只是一个评判视角的问题。

第三章

勇敢的探险家：
近代的航海家

克里斯托弗·哥伦布：
美洲大陆的发现者

斐迪南·麦哲伦：
第一个环游世界的人

哈克·沃鲁夫斯：
拥有传奇经历的北弗里斯兰人

詹姆斯·库克：
无人能及的探险家

约翰·保罗·琼斯：
美国的海上英雄

威廉·布莱：
"邦蒂"号的指挥官

霍雷肖·纳尔逊：
特拉法尔加的英雄

托马斯·科克伦：
一个天生的"海盗"

📖 图为特拉法尔加战役，出自英国画家威廉·透纳之手。

克里斯托弗·哥伦布：
美洲大陆的发现者

《1492：天堂征服者》，不会有比它更适合用来讲述发现美洲大陆的电影了。以前这件事被认为是"开天辟地以来的伟大壮举"，如今人们对此看法却大相径庭："那位发现哥伦布的美洲原住民，其实做了件邪恶的事。"18世纪来自哥廷根的物理学家和作家格奥尔格·克里斯托夫·利希滕贝格就是这样尖刻地评论这个在世界发展史中意义非凡的时刻的："欧洲人开辟'新世界'，其代价是几百万美洲原住民的生命，他们的整个文明都被摧毁了。"但是，哥伦布的首次航行在人们的记忆里仍然是有史以来最勇敢、最令人敬畏的航海壮举之一。

1451年，克里斯托弗·哥伦布在热那亚出生，他的父亲是一位纺织工。哥伦布可能一开始就在父亲的作坊里工作，直到12岁时，他决定从事航海。1476年，他来到里斯本，弟弟巴托洛梅就在这里当绘图员。随后哥伦布开始为葡萄牙效力，并于1479年和马德拉岛附近圣港岛总督的女儿菲利帕·佩雷斯特雷洛结婚。但哥伦布并没有继续进行大有前途的航海事业，而是选择再次回到里斯本。在这里，他打算为开辟通往印度的新航线寻找赞助。

和那些意图探索非洲航海路线的葡萄牙人不同，

一幅19世纪油画上所展示的克里斯托弗·哥伦布。

哥伦布打算穿过大西洋一直向西抵达印度。经过地理研究后，他认为通往东亚的最佳捷径就是穿越大西洋。由此可见古典时期的哲学思想对哥伦布影响很大，因为"地球是圆的"这个古典哲学家的观点在中世纪已被遗忘，但在哥伦布所处时代又作为科学事实被承认。于是哥伦布孜孜不倦地阅读各种游记，并研究古典哲学家、基督教神学家，以及阿拉伯学者的著作。哥伦布只接受对他的航海计划有利的理论，其余的一概摒弃。此外，他所计算的西欧和东亚之间的距离比实际距离短得多。作为一位虔诚的教徒，他总尝试引用《圣经》来证实自己的理论。同时，他也和意大利著名的地理学家保罗·达尔·波佐·托斯卡内利通信，所以他很可能见过托斯卡内利的那幅至今下落不明的地图，那幅地图上就标示了一条向西穿越大西洋的航线。早在 1474 年，托斯卡内利就向葡萄牙国王献策，建议不要环绕非洲，而应该经过大西洋去往东亚，可惜他的建议没有被采纳。

1484 年，哥伦布再次向葡萄牙国王若奥二世提议，向西航行寻找通往印度的航线。但是国王拒绝了他的提议，主要原因有二：其一，当时葡萄牙在开发环绕非洲航线的领域已经非常领先，所以对新航线没有兴趣；其二，哥伦布的要求不免令人觉得夸张，比如要给予他贵族的身份地位，而且要任命他为新发现王国的总督。事实上，哥伦布的动机的确不仅是出于科学研究方面的考虑，他还渴望由此获得财富和社会地位，同时他对宗教信仰的热情，以及将基督教在全世界普及的愿望也起到推进作用。就如哥伦布自己所述，他尤其渴望向印度航行，"为了让我们神圣的信仰遍地开花"。

　　葡萄牙国王的拒绝令他深感遗憾。离开葡萄牙后，他前往西班牙。在这里，尽管他得到数位重要人物的支持，但他的计划仍旧在一开始就遭到了拒绝。1486 年，他受到了卡斯蒂利亚女王伊莎贝拉一世的接见，但此时的西班牙女王夫妇最关注的是如何对付摩尔人，所以把哥伦布这位热那亚航海家野心勃勃的计划当成了耳边风。不过，哥伦布在此期间结识了他后来的第二任妻子比阿特丽斯·恩里克斯女士。他也花费了不少时间来拓展自己的人脉和交际圈，支持他的人里有西班牙财政大臣路易斯·德·桑坦格尔，以及拉比达修道院的方济各会修士。拉比达修道院位于韦尔瓦附近，哥伦布 1491 年夏季曾在此居住过很长时间，其中一位修士胡安·佩雷斯是女王的忏悔神父之一，很可能是他促成了哥伦布与女王的会面。

　　1492 年，哥伦布终于等到了他期待已久的机会：摩尔人在格拉纳达失利，西班牙夺得了穆斯林在伊比利亚半岛的最后一个防守要塞。这时哥伦布成功说服了西班牙女王夫妇——伊莎贝拉一世和阿拉贡的斐迪南二世。斐迪南二世对哥伦布西行到达印度的航海计划充满兴趣，倘若西班牙能借此在航海领域赶超葡萄牙人，不仅可以为贫穷的国家带来新的资源，还能传播基督教——这个想法实在太诱人了。因此，女王夫妇决定满足哥伦布提出的所有条件，并向他保证，倘若取得成功就给予他贵族身份，并任命他为新王国的总督。女王夫妇命令出身于帕洛斯的造船和贸易家庭的平松兄弟，装备两艘三桅帆船，即"尼娜"号和"平塔"号。旗舰"圣玛利亚"号由哥伦布亲自指挥，其原本的船长胡安·德·拉·科萨，作为第一执行官参与航海计划。

　　1492 年 8 月 3 日，哥伦布带领他的小型船队驶向加那利群岛，开始了他们在浩瀚无垠的海洋上的探险。之后，哥伦布打算沿着北纬 28 度向西航行，希望能够到达日本或者另外一个亚洲大陆附近的岛屿。但经过数周的航行，仍没有见到任何陆地。10 月 10 日，日渐不满的船员开始哗变，他们逼迫哥伦布许下承诺，倘若

3天之内仍没有到达陆地就返航。在这3天期限即将结束时，即10月12日中午，船队终于看到了一座小岛。哥伦布将其命名为"圣萨尔瓦多"，并置于西班牙王室名下。这座岛屿有可能是巴哈马群岛中的岛屿之一，岛上的原住民热情款待了来客，哥伦布把他们命名为"印第安人"，也就是他认为的印度人。

不久之后，哥伦布再次起航向西航行。10月28日，

西班牙女王伊莎贝拉一世和她的丈夫阿拉贡的斐迪南二世对哥伦布向西航行到达印度这项计划犹豫不决。为了取得成功，哥伦布需要尽可能多的见证人和支持者。这幅油画作于1884年。

他看到了一座较大的岛屿，当地人称之为古巴，而哥伦布认为这就是中国的一部分。12月5日，他到达了如今属于多米尼加共和国和海地共和国的伊斯帕尼奥拉岛。在平安夜那天，"圣玛利亚"号在进入这座岛北部的一个海湾时撞到了暗礁，所以哥伦布必须弃船。由于受到当地居民的友好接待，哥伦布决定利用废弃的船体来建造

一座军事要塞。因为正逢圣诞节，他将这座要塞命名为"纳维达"，即西班牙语"圣诞节"。部分船员自愿留下来守护要塞。随后"尼娜"号和"平塔"号踏上了返回西班牙的路程。在经历一场海上风暴后，这两艘船没能一同航行。1493 年 3 月 15 日，"尼娜"号首先到达帕洛斯，同一天晚些时候，"平塔"号也安全靠岸。

哥伦布带着胜利的喜悦向西班牙女王夫妇报告了他的行程。在复活节那天，他在塞维利亚收到女王夫妇的来信，确认了他们曾许诺给哥伦布的所有头衔和特权。同时，他们还邀请哥伦布到巴塞罗那王宫会见。哥伦布在那里将受到女王夫妇的隆重接待，并希望他能再次准备起航，进行下一次探险。

1493 年 9 月 25 日，哥伦布带领一支由 17 艘船组成的船队，从加的斯港出发，同年 11 月 3 日到达了多米尼克岛。经过瓜德罗普和波多黎各之后，这支西班牙船队继续扬帆前往伊斯帕尼奥拉岛。他们于 11 月 27 日离开"纳维达"要塞。后来发现，那些当初留下来守护要塞的西班牙人因抢劫黄金被当地人杀了。哥伦布决定放弃这座要塞，并在伊斯帕尼奥拉岛的北部海岸另外寻找位置建立移民区。为了表示对西班牙王室的尊敬，他把这个地区命名为"伊莎贝拉"。1494 年初，哥伦布让自己的弟弟迪亚哥留下，自己去探索古巴的海岸。5 个月后，当他回到"伊莎贝拉"时，发现这个移民区处于非常混乱的状态，因为弟弟迪亚哥无法控制那些贪恋黄金的西班牙人，同时，当地的印第安人也因西班牙人的掠夺而开始抵抗，于是哥伦布以血腥镇压来回应。哥伦布还把 550 名当地的俘虏带回西班牙，开始了肮脏的奴隶

1492 年 10 月 12 日，克里斯托弗·哥伦布第一次踏上美洲大陆。他所到达的岛屿被当地人称为"瓜纳哈尼"，哥伦布为其取名"圣萨尔瓦多"。这幅彩色铜版画作于 1596 年，它的背景所展示的船为"圣玛利亚"号、"尼娜"号和"平塔"号。

贸易。在他眼中，美洲大陆的原住民无非就是可以任人宰割的廉价劳动力。但是，对印第安人的奴役违反了西班牙女王夫妇的旨意，因为他们将印第安人看作未来的基督徒。哥伦布带回的印第安人奴隶中，有近一半的人死在途中。到达西班牙的幸存者都被女王伊莎贝拉一世释放，并安排他们回到美洲的家。

接着，哥伦布又开始了他的探险。这次他的目的地是加勒比海。尽管他没有找到所期待的金矿，但他仍然坚信眼前的海地岛就是《圣经》中的示巴王国，而古巴则是中国大陆——这些也是哥伦布在 1494 年 6 月 19 日向自己的部下发誓的内容，虽然这些人当中或许也有人对此表示怀疑。

哥伦布对当地原住民极其残忍，而且他显然没有能力管控移居美洲的西班牙人，再加上他未能在新发现的领土上找到承诺的宝藏，于是西班牙王室不再信任哥伦布的管理能力。1496 年 3 月，哥伦布觉得自己必须回到西班牙，以便当面向女王夫妇报告。

6 月 11 日，他在加的斯上岸。尽管女王夫妇隆重接待了他，但很明显，即使面对哥伦布带回的黄金，两位统治者对"印度"的兴趣也远不如当年。况且哥伦布无论在美洲殖民地还是在西班牙王宫里都树敌无数，对他以及他兄弟不满的人越发怨声载道。这样的不利氛围一直持续到两年后，哥伦布再次受命，带领探险船队出海。

1498 年 5 月 30 日，哥伦布带领 6 艘船离开了西班牙。7 月 31 日，他已经能看到特立尼达岛。8 月 5 日，他在如今委内瑞拉的恩森纳达海湾第一次登上美洲大陆。虽然之前他在航海日志中曾提起，自己找到了欧洲人还未知晓的"新大陆"，但他仍旧认为自己发现的是印度。他从南美大陆海岸开始航行，驶向伊斯帕尼奥拉岛。当他到达岛上时，这座岛正处于动荡之中，来自西班牙的移民废黜了哥伦布的另外一个弟弟巴托洛梅，并夺取了政权。哥伦布最终别无选择，只能与那些反抗的人和解。但这种和解是以牺牲当地原住民为代价的，原住民越来越频繁地被奴役。同时，哥伦布再次开始寻找金矿，但和以往一样并没有重大的发现。

　　远在西班牙的王室收到越来越多的书信，不断揭露哥伦布在殖民地管理的无能。鉴于人们对哥伦布及其兄弟的统治日益不满，伊莎贝拉一世和斐迪南二世最后决定派遣弗朗西斯科·德·博瓦迪利亚到伊斯帕尼奥拉岛，出任西班牙殖民地的新长官。博瓦迪利亚刚一到达目的地就逮捕了哥伦布及其兄弟，并将他们用铁链捆绑送回西班牙。在回西班牙的途中，哥伦布给女王夫妇写了一封长信，信中他用动人的语言阐述了自己的精神状态：他已经到达了天堂的外围地区，他的身体非常不好，失眠和关节炎在折磨着他。

　　1500 年 10 月，哥伦布及其兄弟回到了西班牙。虽然伊莎贝拉一世和斐迪南二世在 6 周后命人释放了哥伦布，但并没有恢复他的总督职位，显然女王夫妇已经对哥伦布的管理能力彻底失去了信心。尽管如此，哥伦布作为航海家和探险家，依然名声在外，他获准开始第四次航海，这次的目的是考察墨西哥湾，以及寻找通往太平洋的路线。

　　1502 年 5 月 11 日，哥伦布带领 4 艘船起航。这次航海从一开始就不顺利：风暴、叛乱和原住民的敌意让整个航海计划变成一场灾难；一艘船由于被大量虫子侵噬而不得不在途中丢弃，在牙买加的海岸搁浅时又丢失了其他几艘船。哥伦布和他的部下被困在岛上整整 1 年。在伊斯帕尼奥拉岛的西班牙长官派遣的救生船到达之前，岛上的原住民和西班牙人起初还自愿为哥伦布一行人提供生活物资，但后来自愿变成了强迫。

1504 年 11 月 7 日，哥伦布回到西班牙。在那里，他试图再次夺回自己失去的特权，但仍徒劳无功。1506 年 5 月 20 日，这位伟大的探险家带着遗憾在巴利亚多利德去世。他的遗体原在塞维利亚下葬，之后被运往圣多明各，再后来又被运到古巴的哈瓦那，最后于 1899 年又送回到塞维利亚，哥伦布终于在这里得以安息。

哥伦布生前始终认为自己找到了印度。一直到他去世后，一位意大利的航海家阿梅里戈·韦斯普奇才证实，哥伦布所发现的地区并不属于印度，而是当时人们尚未知道的新大陆。新大陆被称作"美洲"（America）。这也是历史的讽刺：新大陆的名字并非命名于哥伦布，而是阿梅里戈（Amerigo）。

但这并没有改变哥伦布在历史上的功绩：毫无疑问，克里斯托弗·哥伦布是史上最伟大的航海家和探险家之一，虽然作为殖民地的建立者和管理者，他是失败的。他的发现使西班牙在 16、17 世纪成为欧洲最富有、最强大的国家之一，但也为美洲大陆的原住民带来了无尽的痛苦和灾难。

一座位于意大利拉帕洛的哥伦布塑像让人们对这位伟大的探险家充满缅怀。

斐迪南·麦哲伦：
第一个环游世界的人

1522 年 9 月 6 日，一艘已经残破不堪的帆船缓缓驶入西班牙瓜达尔基维尔河的河口。两天后，这艘船停泊在塞维利亚港；18 名体弱带病的男人摇摇晃晃地踏上陆地，感谢上帝让他们重返家园。这艘船就是"维多利亚"号。3 年前，这艘令人赞叹不已的三桅帆船和另外 4 艘船一同出海寻找通往印度的新航线，如今人们已很难看出它最初的模样了。

1515 年前后，葡萄牙控制着印度贸易。从罗马帝国时代开始，来自印度和中国的香料、丝绸在欧洲就非常受欢迎。但 1453 年君士坦丁堡（今土耳其伊斯坦布尔）沦陷，土耳其人封锁了当时通往亚洲的商贸航线，所以欧洲人试图寻找通往印度的新航线。葡萄牙人选择的是环绕非洲的航线，他们一步一步地沿着非洲西部海岸线摸索，直到 1488 年巴尔托洛梅乌·迪亚士成功绕过了好望角。10 年后，瓦斯科·达·伽马到达印度。另一边，西班牙人实行的是克里斯托弗·哥伦布的大胆计划，他穿过大西洋向西行驶，于 1492 年发现了美洲大陆。

1494 年，西班牙和葡萄牙在托德西利亚斯签订了划分各自海外领地界限的协定。为了也参与到印度贸易中获取丰厚利润，西班牙唯一的希望就是寻找环绕南美

斐迪南·麦哲伦和他的船长商讨，是否应该穿过眼前的海峡。后来这个海峡被命名为"麦哲伦海峡"。这幅画作于 1920 年。

洲的新航线。1519 年，斐迪南·麦哲伦开始寻找这条新航线。

大概 1480 年，麦哲伦在葡萄牙雷阿尔城附近的一个叫萨布罗萨的小地方出生。出身于下层贵族的麦哲伦，年轻时曾作为侍从在宫廷为若奥二世服务。1505年，麦哲伦报名参加赴印度的航行。1509 年，他参与了由迪奥戈·洛佩斯·德·塞凯拉领导的远航，从科钦一直到达当时著名的香料出产地摩鹿加群岛（马鲁古群岛，亦称香料群岛）。此外，葡萄牙船队还来到重要的商贸城市马六甲，但由于不受当地人的欢迎，他们不得不很快就撤退。

1511 年，在抵抗西班牙的印度总督阿方索·德·阿尔布开克对马六甲的进攻时，麦哲伦的表现十分出色，他因为表现英勇而被提升为船长。1512 年，麦哲伦返回葡萄牙，他的贵族身份也得到提升。1513 年，他参与了摩洛哥战役。但是，正当麦哲伦的事业蒸蒸日上时，葡萄牙国王对其的不满使一切戛然而止。有人诬陷麦哲伦和敌方的摩尔人进行贸易，因此在 1517 年 10 月，他不得不离开葡萄牙，开始为西班牙服务。在西班牙，麦哲伦很快就赢得了查理五世的支持，他计划绕过南美洲寻找一条通往香料群岛的航路。根据《托德西拉斯条约》，盛产香料的岛屿属于葡萄牙的势力范围。

被任命为总船长的麦哲伦，带领 5 艘船于 1519 年9 月 20 日离开了西班牙海港桑卢卡尔－德巴拉梅达。他所在的旗舰是"特立尼达"号，陪同的船分别是"圣安东尼奥"号、"康塞普西翁"号、"维多利亚"号、"圣地亚哥"号，其中，"圣地亚哥"号是 5 艘船中最小的一

艘。和几百年后的船不一样，这些船并不适用于危险的远洋航行，并且这次远航计划的委托人还一味地想减少开销，为麦哲伦准备的船处于极其糟糕的状态，以至于经过几乎一年半的修理，它们才得以下海。

这次的航行其实非常危险。由于空间有限，人满为患的船只上卫生条件极差，人们随时面临传染病暴发的威胁。而且，倘若遇到海难，也会有人淹死或者死于饥饿、口渴。为了生存，海员们除了要有健壮的身体，还需要对船长的航海技术充满信心。

16 世纪时，判断航行方向并非依据船所在的确切位置，而是建立在推测基础上的一门"艺术"。只有离海岸线较近时，才能准确掌控方向。虽然在 16 世纪初

当年铜版画上的"维多利亚"号。经过 3 年的航行，这艘三桅帆船再次进入塞维利亚港。1519 年出行时的 234 名船员只有 18 名幸存者。它完成了第一次环绕世界的航行。

人们已经可以大概计算出纬度，但由于如何确定地理距离的问题还未能解决，在海上确定位置通常只能通过推算，即根据航线和已经航行的路程估算船的位置。由于测量手段的不足，船因为水流而偏离航线就会经常导致估算错误。

此外，夜晚星空的变化也是判断方向的依据。当船越向南行驶，海员熟悉的指路标，即北极星就越靠近向北方向的海平面，一直到它完全消失。同时会有新的星座升起，比如南十字座。和麦哲伦同行的一位意大利探险家安东尼奥·皮加费塔就曾如此描述南十字座："一个由五枚极其闪亮的星星组成的十字架，它正好指向西方，并且结构极其对称。"他还注意到一个"小型的星座，看起来像两团云雾"，如今在天文学里被称之为"麦哲伦云"。

1519 年 12 月，这个小型船队到达了南美洲海岸，靠近今天巴西的伯南布哥。在接下来的几个星期里，麦哲伦谨慎地沿着海岸线向南考察，直到 1520 年 3 月，他在今天阿根廷海岸的圣胡利安海湾抛锚停船。两天后，"圣安东尼奥"号、"维多利亚"号、"康塞普西翁"号的长官们开始表示不满。至此，行程已经是哥伦布第一次航行的 6 倍，所有人不再怀有任何找到西部航线的希望。然而，总船长仍旧坚持计划，并下令把几个反叛者处死，水兵也支持总船长的决定。半个世纪后，弗朗西斯·德雷克爵士和他的部下在同一地方抛锚停船时，还发现了当年麦哲伦船队留下的绞刑架。

处死反叛者 1 个月后，麦哲伦命令"圣地亚哥"号出航，探察接下来的海岸状况。然而，这艘小型帆船不幸遭遇事故而沉船，幸存者艰难地徒步回到圣胡利安海湾。麦哲伦决定不再进行新的冒险行动了。

一直到 1520 年 10 月中旬，船队才再次起航。3 天后，这些西班牙人发现了一条从海岸向内陆延伸的狭窄海峡，两边都是白雪覆盖的陡壁。麦哲伦很肯定，自己终于找到了通往东方世界的通道。这几艘船缓慢地穿过 600 公里长、位于南美大陆和火地岛之间的海峡（如今称为"麦哲伦海峡"）。1520 年 11 月 28 日，"特立尼达"号、"康塞普西翁"号、"维多利亚"号终于穿过了狭窄的海峡，并成为第一批驶入浩瀚太平洋的欧洲船只。其间，"圣安东尼奥"号在路途中秘密离队，返回西班牙了。

剩下的这几艘西班牙帆船在未知的大洋里继续向西航行了 3 个月，其间没看到任何陆地。麦哲伦带着感恩的心情，为这片新发现的大洋取名为"太平"或者"太平洋"。他在航海日志中写道："倘若上帝没有给予我们这么好的天气，我们都会在这无边无际的大海中饿死。事实上，我甚至相信不会再有这样的航行了。"然而，船上储备的食物逐渐减少。"3 个月又 20 天，我们没有吃过新鲜的食物……我们喝的水都是黄色的，因为它在很多天前就变质了。"另外一位幸存者如此描述当时的惨状。

直到 1521 年 3 月 6 日，西班牙船队才看到了马里亚纳群岛。但是在这里，他们还没来得及从几个月以来难以想象的疲惫旅程中喘息，就被当地人偷走了能拿走的一切，包括旗舰上的长形小舟。麦哲伦带领 40 名部下，用尽最后的力气才把被偷走的小舟拿回来，因为没

🚢 一幅铜版画中的麦哲伦画像：这位航海家描述了他在南半球所观察到的与北半球不同的星象。

有它，他们就无法探察海岸线附近的浅水区域。为了找回这只小舟，他们洗劫了当地人的小屋，并攫取了足够的食物，以便能重新起航。他们继续向西寻找对陌生人友好一些的地方。

3月16日，他们看到了菲律宾东部的群岛。有了前车之鉴，他们这次非常小心。麦哲伦找到一个无人居住的小岛靠岸，以便让他的部下能休息一下。但没过多久，他们就和邻近岛上的热情的当地居民建立了联系。这些居民很乐意用食物换取一些小玩意儿，比如红色的帽子、镜子或者铃铛。仅仅几天后，麦哲伦的船队再次起航，并很快到达了利马萨瓦岛。那里的统治者也同样热情地接待了麦哲伦，并邀请船队去宿务岛，以便在那里装备好接下来继续寻找香料群岛的航行所需的生活物资。

4月6日，麦哲伦一行来到宿务岛。当地统治者拉贾·胡玛邦酋长对麦哲伦及他的火药武器非常感兴趣。麦哲伦过于轻率地答应了胡玛邦酋长，一起对抗邻近的岛屿——麦克坦岛的统治者。这场原本的突袭，却于1521年4月27日以失败告终。麦哲伦不到50人的小团队被对方过于强大的部队击溃。在逃离回船的途中，麦哲伦被杀。

胡玛邦酋长随后对西班牙人的态度也敌对起来，因为西班牙人战无不胜的神话随着麦哲伦的失败被打破。麦哲伦船队的3艘船在菲律宾群岛间漫无目的地航行了6个月。这期间，几乎一半人死于坏血病或其他疾病，还有些人在和当地人的战斗中死亡。所以剩下的西班牙人听从了船队首领若奥·卡瓦略的提议，把"康塞普西翁"号上的储备物资和武器转移到"特立尼达"号和"维多利亚"号上，然后放弃了"康塞普西翁"号。

在犹豫不决的卡瓦略的带领下，两艘船继续航行。

1521 年 11 月 6 日，经过两年多的长途跋涉，船队终于看到了此次航海的目的地：传说中的香料群岛。在摩鹿加群岛之一的蒂多雷岛上，他们受到了友好接待。当地的苏丹人欢迎西班牙人的到来，因为葡萄牙人在支持

他们的敌人，即特尔纳特岛的苏丹。不久后，"特立尼达"号和"维多利亚"号的储藏间就装满了稀有香料。其中大部分都是作为香料的丁香，这也是当时欧洲市场上非常受欢迎的香料。

🚢 17 世纪早期地图上的麦哲伦海峡。

为了能利用吹往东方的冬季季风到达好望角，西班牙船队希望尽快起航。可是当一切准备就绪时，"特立尼达"号出现了渗漏。他们决定让"维多利亚"号独自起航。等"特立尼达"号修理好后，再由原路穿越太平洋和麦哲伦海峡返回西班牙。

1521 年圣诞节前不久，"维多利亚"号在胡安·塞巴斯蒂安·埃尔卡诺的指挥下离开摩鹿加群岛。他们在印度洋的航海经历和当时第一次横跨太平洋时一样风平浪静。但"维多利亚"号是一艘西班牙船，如果它进入葡萄牙水域，定会成为葡萄牙战船的攻击目标。所以埃尔卡诺决定绕道多航行几千公里。然而，这时粮食又开始出现短缺，不少人遭受着饥渴。当"维多利亚"号在 1522 年 5 月终于到达好望角时，船上的前桅杆在暴风雨中遭到破坏，严重影响了船速。在之后"维多利亚"号极其缓慢地向北方行驶的途中，有 21 位船员死于饥饿和坏血病。最终埃尔卡诺别无选择，只能把船驶向葡萄牙统辖的位于非洲最西部的佛得群岛，以获取食物。埃尔卡诺对葡萄牙人解释说，"维多利亚"号在从南美洲返回的途中偏离了航线。但当一个部下所藏的丁香被发现时，他所编造的谎言全被揭穿了。埃尔卡诺马上起锚开船，他抛在岸上的 13 名部下都被关进了葡萄牙人的监狱。埃尔卡诺和剩下的船员用尽最后的力气，最终回到了西班牙。但"特立尼达"号的运气就没这么好了，葡萄牙人在摩鹿加群岛掌控了这艘船，并将船上的所有人都投入了监狱，54 名船员中，只有 4 人在 1525 年回到了西班牙。

1519 年，250 名军官和船员参与了这项举世瞩目的航海计划，最后却只有22人生还。人类第一次成功环绕了世界，可是这项壮举并没有立刻给西班牙带来利益。尽管麦哲伦找到了一条通往印度的新航线，但这条航线没有带来任何经济效益。仅穿越宽阔的太平洋所耗费的时间和资源就使这条新航线的建立变得不可能。直到1565年之后，西班牙人才占领了当年麦哲伦发现的地区。又过了差不多350年，以西班牙国王腓力二世命名的岛屿"菲律宾"才成为西班牙在太平洋上的重要殖民地。在这里，传说中的马尼拉大帆船把亚洲的宝物经过太平洋运送到巴拿马，然后经过陆路和加勒比海的海港送往西班牙。

HISTOIRE DE BARBARIE ET DE SES CORSAIRES.

Par le R.P.F. PIERRE DAN, Ministre et Superieur du Conuent de la S.te Trinité, et Redemption des Captifs, fondé au Chasteau de Fontaine-bleau, Bachelier en Theologie, de la Faculté de Paris.

A PARIS,
Chez PIERRE ROCOLET, Libraire et Imprimeur ord.re du Roy, au Palais, aux Armes du Roy et de la Ville.
Auec Priuilege de sa Majesté.
1637.

Rouselet. inc.dit.

哈克·沃鲁夫斯：
拥有传奇经历的北弗里斯兰人

"1708 年的 7 月 19 日，在一座叫阿姆鲁姆的小岛上，我第一次睁开双眼看这个世界。这座岛位于西部海域，属于利奔教会在日德兰半岛的财产。我和自己的同乡一样，大家都靠大海谋生。从 12 岁起，我就开始勤奋努力，想有朝一日成为一名海员。之后的 3 年里，我参与了不同的海上航行。有一次，我和 3 个同乡理查德·弗洛尔、延斯·尼克尔森、哈克·尼克尔森，还有来自弗尔岛的于尔根·奥克森，以及 3 个来自易北河区的人一起出行。1724 年 3 月 10 日，在（西西里岛）一个叫索德尔的河道航行时，我们被一群土耳其海盗俘虏，并押送到了阿尔及利亚。在市场上，我被卖了 1000 钱，或者 1000 吕贝克马克……"

哈克·沃鲁夫斯，一位来自当时还属于丹麦王国的北弗里斯兰阿姆鲁姆岛的航海家，是这样描述自己被巴巴里海盗俘虏的经历的。在 16 世纪到 19 世纪初这段时间里，出身于北非的柏柏尔部族被称为"巴巴里海盗"，地中海沿岸所有国家的商船都遭受过他们的抢劫。这些海盗以自己的根据地为靠山，甚至一直威胁到大西洋上的欧洲商船。和普通的海盗不同，巴巴里海盗认为他们的国家是独立的，并且长期抵抗基督教的欧洲国家。

法国神父在和北非的海盗协商释放俘虏。这幅版画来源于 1637 年一本介绍北非历史和巴巴里海盗的书。

这次被俘对于沃鲁夫斯来说是个惨痛经历。海盗们把所劫获的船员和乘客都监禁起来，以便获得赎金，或者作为奴隶贩卖。数百年里，有好几万来自欧洲各国的船员遭受了和沃鲁夫斯同样的经历，他们大多陷入北非的奴隶贩卖中。基督教一方也有人参与了这项肮脏的买卖，因为与此同时，在马耳他、里窝那或者那不勒斯的

荷兰画家阿尔特·安东尼斯·安东尼森作于1600年的油画，描绘一艘带武器的法国商船受到两艘北非海盗船的攻击。

市场上，不计其数的穆斯林也被当作奴隶贩卖。

　　被巴巴里海盗当作奴隶的人，命运非常凄惨，尤其当他们被卖给一个凶残的男人或者作为船上的奴隶划桨手被卖给其他海盗船时。逃跑几乎是不可能的，唯一的希望只有通过赎买而重新获得自由——要么来自某些商人的恻隐之心，要么通过自己祖国或者家乡城市的

帮助。因此，被俘后的人往往尝试通过书信尽快让亲朋好友知道自己被俘虏的情况，他们在传达船被劫夺这一信息的同时，也希望自己能通过赎金得救。但由于赎金价格一般都很高，被俘船员的亲属们无法独自拿出这笔钱，他们也需要筹集捐款。后来，就设立了所谓奴隶账户，即一种强制性的船员保险，来积累用作赎金的财物。这种保险始于 17 世纪的汉萨同盟城市汉堡和吕贝克，18 世纪初开始，丹麦也参与其中。

一个来自弗伦斯堡的例子记录了这种赎回俘虏的典型流程：1721 年，一艘来自弗伦斯堡的"巴尔扎·尼森"号遇到阿尔及利亚的海盗，船上所有海员都被当成奴隶贩卖。于是他们的亲属向弗伦斯堡市长和市政议会求救。但是由于哥本哈根和弗伦斯堡的奴隶账户都已经空空如也，市政府也无能为力，只能号召市民为赎回海员而捐款。在两年之内，捐款数额达到 6000 马克，再加上弗伦斯堡 3 座城市教堂信徒捐的 3300 马克，这些钱都被用于解救海员。弗伦斯堡市长和市政议会于 1723 年 12 月 31 日获悉，"巴尔扎·尼森"号的船员已被释放。

但是能通过赎金重获自由，这样的幸运结局并不多见。大多数船员被海盗俘虏后就再也无法获得自由，他们不得不作为奴隶度过自己的下半生。

哈克·沃鲁夫斯找到了一个特殊的方法，让自己适应恐惧。与许多和他一起受难的同伴不同，头脑灵活的沃鲁夫斯很快就适应了陌生的北非穆斯林世界。这个年轻的、有天分的奴隶学会了土耳其语和阿拉伯语。由于他的勤奋和忠实可靠，在为君士坦丁城（位于今天的阿尔及利亚）的统治者贝伊服务的短短几年里，沃鲁夫斯从一名普通男仆升为财务主管。通过这个重要职位，沃鲁夫斯积攒了不少财富，因为贝伊对这个忠诚的仆人非常慷慨。不久后，身为奴隶的沃鲁夫斯就拥有了自己的土地、骆驼、羊群和仆人。由于这位来自阿姆鲁姆岛的年轻人也是位士兵，贝伊任命他担任由 500 名骑兵组成的近卫队的指挥官，在证明了自己的勇敢之后，他受命成为骑兵队长。贝伊也利用了沃鲁夫斯的残暴性格，比如曾有两名筑墙工人受命将他的财宝砌入了一座塔的墙里，事后他命令沃鲁夫斯将二人杀死。

在沃鲁夫斯的家乡阿姆鲁姆岛，显然没有人听闻过他不同寻常的事业。他的父亲绝望地为儿子凑赎金，但在赎金凑齐之前，已经在异地生活了 12 年的儿子于 1736 年 4 月回到家乡。1735 年 10 月 31 日，年迈的贝伊把自由还给了沃鲁夫斯。沃鲁夫斯决定回家的原因并不是出于对家乡的思念，而是害怕贝伊死后政权变更之际，自己会失去性命。

阿姆鲁姆岛的人们对归来的沃鲁夫斯并不十分信任，因为他们怀疑沃鲁夫斯为了适应北非的生活环境而做了过分的事情，比如他已经不再信仰基督教——的确，用皈依伊斯兰教来解释他如此不寻常的升迁，也是合情合理的。除此以外，沃鲁夫斯返乡时是个富翁也让人产生怀疑，其他船员的家人大多不得不为凑够赎金而倾家荡产。

或许是为了解释他在异域的所作所为，回家后的沃鲁夫斯开始撰写回忆录。他极其理智、清醒地叙述自己的经历，几乎没有流露一个普通人经历这些事时应有的情绪。同样蹊跷的是，沃鲁夫斯通常描述到最为紧张的环节时就戛然而止，比如他提到自己曾陪贝伊去麦加朝圣，但对读者十分感兴趣的旅行过程却只字不提。

或许沃鲁夫斯写回忆录的目的并不在于向读者展现

巴巴里海盗——地中海的噩梦

从 16 世纪开始，来自北非的巴巴里海盗就威胁着地中海上的商船。他们最重要的根据地位于的黎波里、突尼斯、阿尔及利亚和塞拉。由于自然资源的缺乏，这些城市为了保障必要的食物和原材料来源，不得不参与海上掠夺。拥有穆斯林背景的巴巴里海盗并不认为自己是普通的海盗，他们通过海上掠夺来长期对抗基督教势力。

除了货物和船只本身——在北非这样森林贫瘠的地区，木材是很重要的物资——船员和乘客也是最受巴巴里海盗欢迎的战利品。在这些海盗城市里，基督徒奴隶的数量多得惊人。据推测，17 世纪上半叶仅在阿尔及利亚就有至少 20 000 多名基督徒奴隶被贩卖。其他几个海盗根据地的情况也差不多。

18 世纪中期，巴巴里海盗开始衰落。除瘟疫和饥荒以外，欧洲各国海上势力的崛起也给巴巴里海盗带来了致命打击。英国和法国在地中海的战船数量急剧增加，于是这些海盗把掠夺目标放到小国的船只上。对于荷兰、瑞典，尤其是丹麦、石勒苏益格公国和荷尔斯泰因公国的商船来说，地中海仍旧是危险的。

自己的命运，而是为了让阿姆鲁姆的人们相信，这么多年来自己一直是个虔诚的基督徒。虽然人们一直怀疑沃鲁夫斯已经背叛基督教，但他还是通过了神父的信仰考验，并重新被基督教的团契接受——尽管在做礼拜的时

　　在法国大革命、拿破仑战争期间，巴巴里海盗又迎来了一次繁荣期。但这些北非海盗的最后一次猖狂犹如昙花一现。1816 年英国对阿尔及尔的攻击，以及 1830 年法国对北非的殖民统治，使得臭名昭著的巴巴里海盗彻底走向灭亡。

阿尔及利亚的海盗在普罗旺斯海岸抢劫一名女孩。木雕版画，约作于 1835 年。

候，他还穿着土耳其制服。

有关沃鲁夫斯的流言蜚语一直持续到他去世。人们私下认为，他的灵魂并没有得到安宁。1754年10月13日，46岁的沃鲁夫斯突然去世。当地人说他的幽灵还时而出现在阿姆鲁姆岛上。直到19世纪中叶，据说人们还能在岛上看见他在教堂村和南部村之间的大雾中寻找

📖 这幅来自19世纪的版画展示了阿尔及利亚的君士坦丁城，在这里，哈克·沃鲁夫斯从一名奴隶逐步升为贝伊的近卫队指挥官。

他的宝藏。

　　哈克·沃鲁夫斯的命运既是典型的，也是不同寻常的：之所以典型，是因为他是被北非海盗当作奴隶贩卖的成千上万名海员之一；之所以不同寻常，是因为他拥有在君士坦丁城贝伊手下非凡的职业生涯。

詹姆斯·库克：
无人能及的探险家

库克船长愤怒至极。在夜里，当地人偷了他的一艘小舟。他决定上岸挟持一个头目作为人质，迫使他们把小舟还回来。通过这种做法他已经成功很多次了，但是这一次却直接导致了灾难。夏威夷海滩，对很多人来说是意味着浪漫的地方。然而就在这里，这位史上无人能及的探险家却被岛上的居民打死了。

1728 年 10 月 27 日，詹姆斯·库克出生于英格兰约克郡克利夫兰市的马顿村，在家里 8 个孩子中排行老二。他的父亲从一个普通的农场雇工升职为地主管家。17 岁时，库克开始在一位商人手下当学徒。但一年半之后，他就决定要去当一名海员。库克是幸运的，因为师父大方地把他介绍给了约翰·沃克—— 一位惠特比的船主和海运商人。于是库克开始在沃克的船上打杂。

当时的惠特比是英格兰煤炭运输中心。运煤船只从这个海港小城开往伦敦，船只虽然行驶缓慢，但很能抵抗海上风浪。就在这样一艘运煤船上，库克在接下来的 10 年里成了一名经验丰富的海员，并逐步升职为舵手。但在 1755 年夏天，当沃克建议他当船长时，库克却拒绝了。相反，他报名参加了皇家海军。由于海军纪律非常严明，当时很少有人是自愿服役的，像库克这种人才就更少了。所以，没过多久，他的能力就被人发现了：

1779 年 2 月 14 日，詹姆斯·库克在夏威夷海滩上被杀。钢版画，作于 1810 年。

库克很快升任舵手。作为舵手，他负责船的行驶方向。库克的工资和一位海军少尉一样，但头衔仅仅相当于一位水手长官。

库克展示自己才华的机会到了：在1756—1763年的七年战争期间，库克测量了圣劳伦斯河，由此为英军占领魁北克提供了重要帮助——库克绘制的地图在之后的100年间都在使用。战争结束后，库克留在了加拿大。他勘测了拉布拉多半岛和纽芬兰的海岸。此时，作为科学家的库克越来越有名气。1766年，他观察的日全食甚至受到英国皇家科学院的赞扬。在1768年一次前往太平洋塔希提岛的考察中，皇家科学院向英国海军寻求帮助，以便观测到金星凌日，库克被选为这次考察队的队长。人们希望通过测算金星凌日来确定太阳与地球之间的距离。

这一年库克40岁，已升为海军上尉。鉴于这次科考航行的危险程度，库克选择了一艘坚固的船"奋进"号，其抗风浪能力已经在波罗的海检测过了。它曾经是一艘运煤船，库克命人在它的储藏间内又多加了一层甲板，以便安顿船上的94名成员，包括军官、学者和海员。

这次航海考察的贡献不仅在于到达目的地后的新发现，旅途本身也是一种科学贡献。船上储藏的是特殊食物，比如德式酸菜、浓缩柠檬汁和麦芽汁。人们希望这些食物能预防坏血病。同时，库克也非常注意船上的卫生情况。

1768年8月25日，"奋进"号从普利茅斯出发。库克的计划是绕过南美洲最南端，然后驶向塔希提岛。在马德拉把新鲜食物储备装上船后，库克的船于11月到达了里约热内卢。1769年1月，他们看到了合恩角。3个月后，"奋进"号在塔希提岛的马塔维海湾抛锚停船。

库克在饮食方面的措施很有效。在长时间的航行中，尽管有4人因意外去世，还有1人自杀，但没有人死于坏血病。到达目的地后，库克仍然坚持严格的管理。他还再三提醒船员，要尊重塔希提岛的居民，他自己也努力和当地的德堡以及杜德哈族群的头目们建立友好关系。

1769年6月3日，库克和天文学家查尔斯·格林、植物学家丹尼尔·卡尔·索兰德一起观察万里无云的天空时，观察到了金星凌日的全过程。1个月后，"奋进"号离开了塔希提岛。库克应该向南航行，以便找到未知的南方大陆。当时人们猜想这片陆地在南半球。据推测，库克的航线应该到达了南极。如果没有抵达南极，库克的任务也应该是去考察1642年被荷兰航海家阿贝尔·塔斯曼发现的新西兰。随行人员中还有一位来自塔希提岛的德堡族人，在之后几个月的航行中，此人是得力的领航人和翻译。

"奋进"号徒劳地寻找未知南方大陆存在的证据。最后库克下令向北航行。10月初，他们到达了新西兰的东海岸。通过和当地人的接触，这些英国人觉得眼前这些毛利人和热情的塔希提岛人非常不一样。学者们花了半年时间考察、勘测周围的水域，这时库克发现，新西兰其实由两座岛屿组成，并非如之前人们所推测的是一块大陆南端的一部分。

直到1770年3月，库克一行人才离开新西兰，途经荷属东印度群岛，即今天的印度尼西亚，最后回到英格兰。途中，库克打算寻找荷兰人曾发现的"新荷兰岛"。后来，当人们已经放弃寻找未知的南方大陆后，这座岛才被命名为"澳大利亚"。出发后差不多3周，库克站在瞭望台上，看到了陆地——澳大利亚的东海岸。"奋进"号向北航行考察沿途海岸，并经过了今天悉尼港所在地。又过了一段时间，这些英国人遇到了如迷宫一样的危险的巨大暗礁群。在这里，"奋进"号于1770年6月11日夜里被困在一块暗礁岩石上，之后船能离开暗礁不仅依靠库克一行人的艰苦努力，也依靠着极强的运气。他们把船搁浅在一个避风的海湾里，以便进行修理。

8月的第一周，库克的船再次下海。他们小心地驾船沿着海岸行驶，通过了澳大利亚和新几内亚之间的危险海域。在爪哇岛上停留过后，库克绕过好望角，开始了回家的旅程。在经过近3年的环球航行后，"奋进"号于1771年7月回到英格兰。在那里，库克的发现引起人们极大的兴趣。作为奖励，国王乔治三世任命库克为指挥官。不久之后，他又开始计划寻找南方未知大陆的新航行。这次有两艘船准备参与远航，它们也是运煤船。库克亲自指挥较大的一艘"决断"号，较小的"探险"号的指挥官是托比亚斯·弗诺。

1772年7月13日，库克第二次起航探索世界。这次的远行又长达3年，目标是考察南极洲。船上除了有大量学者，还有在航海方面具有革命性的新设备：由约翰·哈里森设计制造的"经度测量表"。这也是第一个在极端条件下能准确测量经度的仪器，库克得以非常精

这个模型展示了"奋进"号甲板构造惊人的紧密。这艘仅 40 米长的小船里装满了完备的装置、饮用水、压缩食品，以及 94 名人员。平坦的船底也清晰可见，行驶在未知水域时，这样的船底是极其重要的优势，因为它使船在出现意外或者需要修理时很容易在岸上搁浅。

准地确定船的位置。

　　1773 年 1 月，库克进入南极圈。两艘船行驶在冰山之间，同时和南极大陆保持约 120 公里的距离。阻挡他们登上地球最后一块未知大陆的，是延伸进海水的冰层。但是库克仍取得了卓著的成果：他是第一位进入南极圈的航海家，并且证实了南纬 60 度以北并不存在未知大陆。他至少航行了地球周长的三分之二，但并没有发现新的未知大陆。鉴于其突出的成就，库克在返回的路上被任命为海军上校以及皇家学会会员。

约翰·哈里森和经度测量表

数百年间，人们在远洋航行时主要通过推测来确定船的位置。在那段漫长的时间里，船的位置尤其是经度非常难以确定。直到18世纪才出现了在深海能确认位置的新方法，最简单的测量经度的方法就是将当地时间和一个能确认地理位置的地方的同一时间进行比较。

在使用这个方法测量经度时，首先需要一块表，它的精准程度不能因为航海线路和温度变化而变化。只有英国的钟表匠约翰·哈里森掌握了这门技术。他设计的"经度测量表"即使在最极端的条件下也能十分精准地显示实际时间。早在1735年，他曾为自己第一块经度测量表"H1"争取英国国会颁发测量经度的可实施方案的奖励，但没成功。接下来的几年里，他继续研制测量表。1762年，哈里森终于研制出了第四代经度测量表——著名的"H4"，并在一次去牙买加的远航中进行了测试。在回程途中，他的表所显示的时间和实际时间仅仅误差5秒钟。尽管如此，哈里森直到1773年才获得国会奖金。

不久后，对哈里森测量仪精准程度的最后疑虑也被打消了。库克第二次在南太平洋的远航中使用的正是哈里森研制的经度测量表。这次通过这块表所测量的数据十分精确，以至于到行程最后所计算的位置和实际位置仅仅相差了14.8公里。从此以后，通过经度测量表人们可以准确算出经度和纬度。在GPS卫星定位出现之前，哈里森的经度测量表一直是海上定位的标准测量仪器。

图为哈里森的经度测量表"H4"，这个版本比它之前具有里程碑意义的版本要小巧得多。

库克的考察粉碎了人们有关南太平洋有着众多大陆的梦想。但是，仍有很多地理之谜没有被解开：人们仍旧希望找到传说中的西北航道，即能把大西洋和太平洋连起来的位于北美洲北部的海上通道。因此，库克于 1776 年 7 月 12 日带领"决断"号从普利茅斯再次起航，一位名为威廉·布莱的极有天分的年轻海员负责本次航行的导航。这次和"决断"号同行的是"探索"号，后者的指挥官是曾参与过库克最早两次航海考察的查尔斯·克拉克船长。

从一开始，库克对西北航道的搜寻就不顺利：船上的帆具因制造上的缺陷和船体受损而不得不送回英国，致使整个行程延迟。直到 1777 年 8 月，库克才到达塔希提岛。由于时间上已经来不及赶在入冬之前去考察北美的大西洋海岸，库克只得继续向南航行。1778 年 1 月，两艘船都到达了夏威夷，但只在那里做短暂停留以便充实船上的储备物资。

整整两个月后，瞭望台报告称看到了大陆：就是北美海岸，今天的俄勒冈州。两艘船继续沿着海岸向北航行，并于 1778 年到达白令海峡。但由于海面被冰封，船无法前行。为了整修船只，让船上的人员休息一下，库克决定返回夏威夷岛，况且他也需要一个能安全停船的地方以便为接下来的考察做准备。最后他选择了位于夏威夷西部的凯阿拉凯夸湾。1779 年 1 月 17 日，"决断"号和"探索"号在这里靠岸。

夏威夷人对他们的到来表示了热烈的欢迎。岛上居民认为，库克就是他们的"神罗诺"，是他带着神奇的小舟越洋而来。然而夏威夷人并不理解，为什么神罗诺和他的部下在回赠礼物方面这么吝啬——尤其是带金属的东西。于是这些当地居民就去偷他们没有获赠的东西。他们在夜里游到船边，把船体上的钉子卸下来。但同时，他们对库克一行人的热情并没有减少，还继续举行盛会，赠送堆积成山的食物。当两艘船修整好之后，"决断"号和"探索"号于1779年2月4日离开了这座热情好客的岛屿。

但之后没多久，两艘船再次停靠在凯阿拉凯夸湾。起航后的第3天他们遭遇了风暴，"决断"号的前桅被折断。这一次，夏威夷人对回到岛上的库克一行人就不那么热情了。上次为了款待这些英国人，岛上的人几乎用尽了储备，并且他们觉得自己被欺骗了。他们曾把库克和他的随行人员当成了神，而现在的情况证明，这些被当成神的人无非是些也会生老病死的凡人罢了。英国人很快就感觉到了气氛的变化：在岛上干活的英国人被当地人扔石头，并且被盗走的东西也越来越多。当"探索"号附带的小舟也被偷走时，库克已经忍无可忍。为了找回这艘无可替代的小舟，他决定把一名岛上的头目引诱到船上来，然后把他当成人质，要求岛上的居民归还他们盗窃的小舟。

2月14日早上，库克和几名海员上了岸。他自己带着一支双管猎枪，其中一个弹管里装着散弹，另一个装着子弹。开始时，库克的计划似乎很成功。他已经和一位叫卡来欧普的头目一起在回沙滩的路上，这时突然一名带有武装的战士挡住了他们的去路。库克开枪，放出的是散弹，所以不会伤到别人。但夏威夷人都赶来进攻了，并很快演变成一场惨烈的战斗。詹姆斯·库克在这场战斗中身亡。

库克去世后，查尔斯·克拉克船长接任"探索"号的指挥官。他把几个被夏威夷人肢解的尸体部分找回来，并在海上举行了葬礼。当他们第二次寻找西北航道失败后，克拉克下令回程。但在回程途中，克拉克死于肺结核。经历了 4 年 3 个月后，"决断"号和"探索"号于 1780 年 10 月在泰晤士河抛锚，两艘船的船长都没有生还。

直至今天，詹姆斯·库克仍被认为是史上最伟大的航海家之一。在仅仅 11 年里，他通过 3 次远航考察，把人类对世界的认知做了关键性的拓展：他在当时的世界地图上加上了澳大利亚东部、新西兰、众多个南太平洋岛屿，以及阿拉斯加的海岸线。而且在另一方面，库克也取得了重大成功：在他领导下的远航中，无一人死于坏血病。

约翰·保罗·琼斯：
美国的海上英雄

"琼斯是个灵活而缄默的人，他一心想升迁……（他）是美国海军中最有野心、最诡计多端的人……他的行为有些怪异，不合常理。这些都是他的性格导致的。"约翰·亚当斯，美国的第二任总统，在1779年如此评价一个至今在美国仍被当作民族英雄的人。但对于英国人来说，约翰·保罗·琼斯是个叛徒。在美国独立战争期间，这位苏格兰人服务于美国海军舰队，并大胜骄傲的英国皇家海军。

这位未来的海上英雄于1747年7月6日在苏格兰的科尔克宾教区里一个叫阿尔比兰的小地方出生，原名约翰·保罗。作为一名园丁的儿子，约翰·保罗的航海事业并不是一开始就有先天优势的，但他很早就对海洋充满兴趣。当他还是个孩子的时候，他就整天待在卡尔斯通——他家乡附近的位于索尔韦海湾的海港。在当时，海员这个职业对活泼、聪慧的年轻人来说是事业成功和社会地位升迁的最好机会。12岁时，约翰·保罗就开始了他的航海生涯：他作为杂役在一名苏格兰商人和商船船长约翰·扬格的船上服务。年轻的约翰·保罗第一次远航抵达了西印度群岛（南北美洲之间海域中的群岛）和北美大陆，在这里他拜访了自己的兄长威廉。威廉是一名裁缝，生活在当时的英属殖民地弗吉尼亚的

一幅绘于1780年的彩色版画上的约翰·保罗·琼斯。在美国独立战争期间，他的海上掠夺成为英国皇家海军的噩梦。

143

弗雷德里克斯堡，他和众多来到新大陆的人一样，想在这里碰运气。

1766 年约翰·扬格破产后，约翰·保罗受雇于一艘贩卖奴隶的船。虽然这位 19 岁的年轻人很快就有了升任第一长官的机会，但他在随后的两年里受够了肮脏的奴隶贸易。他决定作为一名乘客搭乘商船回到苏格兰。在回程途中，船长兼第一长官因发烧而去世，约翰·保罗由此得到一个千载难逢的好机会：他带领船员安全到家，船主出于感谢，任命只有 21 岁的约翰·保罗为新任船长。

但是好景不长，1770 年，易怒的脾气使他第一次陷入严重危机。他命人对手下一位海员施笞刑，这种过度残酷的惩罚引起其他人的不满。尽管对他的起诉撤销了，但作为船长，约翰·保罗的名声由此受到严重影响。

1772 年，约翰·保罗在西印度群岛购买了自己的船，但在接下来的几年里，他的暴躁和易怒再次使其陷入困境。在到达多巴哥岛时，他和他的部下就工资问题展开讨论，并由此演变成一场骚乱。一部分船员，其中包括来自多巴哥岛的人，要求得到部分工资，而约翰·保罗并不想在抵达伦敦之前支付，他们之间的争执变得越发

激烈。当闹事者的头目——一名臭名昭著且本身就喜好打架的暴徒，准备在未经允许的情况下离船上岸时，约翰·保罗试图阻止他，从而引发了一场混战。约翰·保罗处于劣势，他逃回自己的舱房，然后带着军刀回到甲板上。这时，那个闹事的头目打算用短棍出击，但被保罗用军刀刺死了。

虽然这次事件被判为自卫，但约翰·保罗还是被朋友们警告：倘若再次因这件事被告上法庭，他可能就没那么幸运了。为了逃脱蓄意谋杀的起诉，他匆忙离开

⚓ 这幅绘于 1846 年的平版印刷画，描绘了 1773 年 12 月 16 日，乔装成印第安人的波士顿人把英国东印度公司运来的三批茶叶扔进水里。英国政府对这次事件（史称"波士顿倾茶事件"）进行了制裁，而这也是引发美国独立战争的导火线。

了弗吉尼亚，就连自己的船和所有财产都不要了。从此他改名为约翰·保罗·琼斯，以逃避可能针对他的刑事起诉。

1775 年，美国独立战争爆发，13 个北美大陆上的英属殖民地同时反抗英国的统治。起义的导火线和历史上大多数的起义一样，和金钱纠纷有关。在 1756—1763 年的七年战争结束后，英国国会决定，北美殖民地也须承担战争费用。因此，从 1764 年开始，糖、咖啡、红酒、纺织品和很多其他物品都因进口税而价格上涨。在此之前，英国从未干涉北美殖民地的内部事务。所以对于美洲殖民者来说，这次英国对自己的操纵犹如晴天霹雳。

由于北美殖民地在英国国会中既没有席位，也没有投票权，他们觉得这样的决议侵犯了自己的权利，所以一并拒绝。于是一场场起义开始酝酿：1770 年，在波士顿，当地人和英国士兵之间发生了一场血腥冲突；1773 年 12 月，为了抵抗茶税，乔装成印第安人的当地居民在波士顿港占领了一艘满载茶叶的英国商船，并把所有茶叶倒入海中。当伦敦的政府首脑和国会对波士顿倾茶事件采取惩罚措施时，英属北美殖民地的代表于 1774 年 10 月在费城召开的第一届大陆会议上表示，英国国会颁发的税务法违宪。由此局势变得越发紧张：1775 年 4 月，爆发了与英军的第一次交战；1776 年 7 月 4 日，第二届大陆会议上 13 个殖民地宣布独立。约翰·保罗·琼斯决定，为自己的新家园战斗。他来到费城，并以海军少尉的头衔参与刚刚成立的大陆海军。

战争一开始的局势对英国人不利。他们很难有足够的军事资源去封锁长达 3000 公里的北美大西洋海岸线，同时还要在陆地上发起关键性的进攻，而且英国本土和北美战场之间的遥远距离也使战略计划的实施和后援供应非常困难。此外，在英国本土，对这次战争的看法也不统一，尤其是自由派的辉格党非常同情殖民地的人为自由而战，因为辉格党就是通过 1688 年的光荣革命为自己争取了自由权利，这也一向被认为是英国的传统。

当北美陆地上的民兵组织把英军逼得步步后退时，英国皇家海军在海上却只需面对各个殖民地自己的船队和一支小规模的美国海军。然而，大量的美国海上私掠船还是严重威胁着英国商船。这些海上私掠船的船主拥有一种国家文书，即私掠许可证，从而可以作为"被登记的海盗"截获所遇到的敌方船只。

尽管这些原本微不足道的海上战斗力很难真正威胁到英国的海上势力，但还是有几位大胆的美国船长取得了惊人的胜利。他们毅然决然地带领自己的船只参战，而且把战火一直蔓延到英国附近的水域。他们的战绩在美国人中广为流传，此时的约翰·保罗·琼斯即将加入这群极其勇敢的将领之中。1775 年 12 月 7 日，加入大陆海军后不久，琼斯就被任命为"阿尔弗雷德"号的第一指挥官，这艘小型舰队的旗舰受命于大陆海军舰队司令埃塞克·霍普金斯。

早在这支舰队执行第一次任务时，琼斯就在巴哈马战斗中脱颖而出，击溃了曾让美国人望而生畏、装备有 20 门大炮的英国战舰"格拉斯哥"号。于是回来后，琼斯于 1776 年 5 月 10 日升任一艘配备有 14 门 4 磅重的大炮的小型单桅帆船"普罗维登斯"号的指挥官。1776年8—10月，他在百慕大群岛和新斯科舍之间的北美大西洋海岸成功截获了16艘敌方商船。同时，他还两次巧妙逃脱了英军战舰的追捕。没过多久，琼斯作为指挥官再次带领"阿尔弗雷德"号进行海上掠夺，并拉回了许多战利品。

尽管功绩卓著，但易怒的琼斯再次陷入和上司的争执中，尤其是和指挥官霍普金斯的冲突。琼斯认为，霍普金斯没有给予他事业上足够的支持。尽管如此，这位年仅30岁的海员还是于1777年6月升任新组建的轻型护卫舰"仁吉"号的指挥官。这是一艘长33米的三桅战舰，装备有18门6磅重的大炮，以及多达150名的随行人员。琼斯收到上级命令，出使法国，他的任务是向法国传达紧急公函和最新战况，证明美国人在对阵英军作战时的成就。美军希望能在独立战争中得到法国的援助，但法国政府仍旧没有向英国宣战。因此，1778年4月，琼斯独自带领自己的舰队从法国的布雷斯特出发，向不列颠群岛航行。这样一来，之前局限在北美的战场被琼斯拓展到了英国本土，这也是英国人始料不及的。

琼斯袭击了几个小城市，摧毁了多艘商船，并在爱尔兰海岸截获了装备有10门大炮的英国战舰"德拉克"号。1778年5月8日回到美国庆功时，琼斯被誉为英雄。他的战绩是大陆海军至此取得的最重要的胜利，因为他让人们看到，实力远超美国的英国皇家海军也并非不可战胜。然而，在这胜利与荣耀的背后，却暗藏着不满和怨恨。琼斯再次和他的部下闹翻了。尽管他成功地让英国陷入混乱，让英国人的希望破灭，但他并没有带回有价值的商船作为战利品，没有得到奖励的部下觉得自己被欺骗了。在琼斯看来，这再次说明海员无非就是一群只想牟取暴利的人，他们唯一的目的就是"尽可能地烧杀抢掠"。在从英国返回的途中，他和自己的第一指挥官托马斯·辛普森产生争执，甚至还命人逮捕了辛普森。

尽管琼斯取得了不可否认的成功，但或许由于这次的争执，他再到法国后被扣留了一年，直到他得到了新船的指挥权——一艘已经生锈的带有 52 门大炮的"印第安"号，这艘船是一个法国船主留给美国人的。琼斯为了表示对朋友——著名学者本杰明·富兰克林，自1775 年起代表美洲殖民地担任驻法大使——的尊敬，把这艘船重新命名为"好人理查德"，法语中也可译为"可怜的理查德"。这也是富兰克林从 1732 年开始出版的年刊的名称，在北美殖民地极其受欢迎。

在琼斯被扣留期间，法国已经站在北美殖民地一边，向英国宣战了。于是，琼斯的"好人理查德"号在美国护卫舰"同盟"号以及 3 艘法国战舰的护送下，于1779 年 8 月中旬出发。他再次在英国附近海域引发了恐慌——只要他一出现，英国人就已经吓得魂不守舍了。

📖 对于英国皇家海军来说，约翰·保罗·琼斯是个令人憎恶的敌人，所以在英国宣传漫画中他往往是一名海盗。

9月23日，在英国东海岸的弗兰伯勒角，琼斯的小舰队遇到了一支英国商船队。但当琼斯想利用黄昏的掩护发起攻击时，突然出现了两艘护航舰：一艘是配有50门大炮和双层甲板、在船长理查德·皮尔森指挥下的战舰"西拉彼斯"号，另外一艘较小的是配有20门大炮的"斯卡伯勒女伯爵"号。琼斯毫不犹豫地发起了进攻，他把自己的船横过来，以便向远胜于自己的"西拉彼斯"号开火。没过多久，琼斯船上的两门18磅重的大炮被炸毁，许多船员受伤甚至当场丧命。双方都想把船转换到一个利于攻击的位置，以便扫射敌船防御较弱的船身一面。但"西拉彼斯"号比琼斯的旧船"好人理查德"号更加灵活。于是琼斯下令，沿着双甲板战船"西拉彼斯"号的船身接近它，通过登上敌船进行近距离搏斗来决出胜负。剩下的时间不多了，因为英国战船很快就会把琼斯的旧船炸成碎片。最终美国船队的肉搏计划还是失败了。但是当皮尔森船长问他是否愿意投降时，琼斯的回答是："战斗还没开始呢。"

接下来，两艘主战船相撞，"西拉彼斯"号的船头斜桁帆缠结在"好人理查德"号的第三根桅杆的硬帆里。英国人无法将这两艘船分开并保持距离，以便有效使用大炮，反而琼斯部下的滑膛枪和手榴弹迫使英国人不得不待在甲板下。这个不明朗的局势维持了整整两个小时。21点30分左右，一枚手榴弹从"好人理查德"号上被扔出，导致"西拉彼斯"号火药库爆炸，多名英国人被炸死或炸伤。然而，琼斯船上的情况更糟糕了，因为这艘被炸毁开始下沉的敌船和自己的船缠在一起。于是两艘船开始了一场紧张的决斗，大家都等着对方首先放弃。大约 22 点，"西拉彼斯"号的主桅杆倒下。船长皮尔森放弃决斗，带着心中难言的痛苦宣布投降。"斯卡伯勒女伯爵"号也在敌人面前降下了自己的旗帜。皮尔森在给英国海军部的报告中写道："鉴于我们当时所处的情况，我认为继续抵抗是没有意义的，也注定是失败的。由于没有成功的可能，我就把旗帜降下来，以示投降。就在这时，我们船上的主桅杆倒在甲板上。""西拉彼斯"号损坏严重，大部分船员已经重伤或者阵亡。但皮尔森坚持不懈的抵抗让船队中的商船有了可乘之机，从而得以逃脱。

琼斯赢得了巨大的胜利，同时也付出了惨重的代价。在三个半小时的激烈交战中，被重创的"好人理查德"号第二天就沉没了。带着被损坏的"西拉彼斯"号，琼斯决定驶向保持中立但同情北美殖民地的荷兰。很快，他又从荷兰的泰瑟尔岛出发，带着"同盟"号一起继续他捕获敌船的航行。直到 1780 年初，他才回到法国。

尽管约翰·保罗·琼斯在英国人眼里是个普通的海盗，但他在法国却被誉为英雄。由于他的伟大战绩，法国国王路易十六奖励他一把带有金剑柄的宝剑，并授予他骑士称号。但是，他不被允许带走"西拉彼斯"号，因为这艘双甲板的战船已经被法国占有。琼斯和本杰明·富兰克林抗议法国非法侵占美国人捕获的战船，但徒劳无功。于是琼斯离开了法国，并带领"同盟"号回到美国。

"西拉彼斯"号的指挥官皮尔森被监禁；获释后回到了英国。虽然他当时不得不投降，而且必须向军事法庭证明为何失去战船，但由于他的勇敢，不但军事法庭判他无罪，英国国王乔治三世还授予他骑士称号。琼斯听闻此事后，只说："倘若我还有幸再次和他交战，我将让他成为领主。"

法国和起义的北美殖民地并肩作战，它的军事参与使得美国在独立战争中实力大增。1781年，英军在约克镇的战败标志着英国的失利和北美战争实际上的结束。1783年，英国在《巴黎条约》中承认美利坚合众国独立。

当琼斯回到美国后，1787年美国国会授予他一枚金牌表示尊敬，并且把还在建造中的战列舰"美利坚"号交给他管理。但后来的事实并非如此：由于财政紧缩，国会决议在独立战争结束后裁减海军，并把这艘船赠予了法国。琼斯不得不离开他的新家园，因为他在美国已经没有了用武之地。于是他转而投向欧洲碰运气——可惜在这里他处处碰壁。他期待得到法国海军的军官位置，但只能失望而归。最后他作为海军上将加入了俄国海军。在1787—1792年的俄土战争期间，他在黑海作战。然而，琼斯再次和自己的部下以及上级发生矛盾。格里戈里·波将金公爵，也是女沙皇叶卡捷琳娜二世的心腹之臣，对琼斯使用阴谋诡计。尽管琼斯击退了土耳其军队，但没过多久他就被遣送回了圣彼得堡。无所事事的琼斯待在俄国首都，一天比一天郁闷。他不得不忍受着竞争对手对他的诬告，还有来自俄国海军军官对他的无视，他们并不把琼斯当成自己团队的一员，尽管1788年6月他获得了圣安娜勋章这项极高的荣誉奖。之后琼斯还是离开俄国，心情沉重地回到了法国。

可是在法国，琼斯的运气也未曾好转。他过着孤单且与世隔绝的生活，而且他的健康状况也遭到了打击。琼斯患有黄疸和肾炎，后来还经历了一次肺炎。1792年7月18日，一位名为莫里斯的友人来探望他，并记录了琼斯的遗嘱。在记录时，莫里斯由于有另外一个重要约定而必须临时离开片刻。然而当他回来时，发现琼斯已平躺在床上去世了。约翰·保罗·琼斯被葬在巴黎的圣路易斯墓地。

不过后来，美国又回想起了这位开国时的海上英雄。20世纪初，美国驻法大使霍雷斯·波特成功地找到琼斯的遗体。1905年，琼斯的遗体被重新挖出来，并由"布鲁克林"号巡洋舰，在另外3艘美国战舰的护送下

1779年9月23日，约翰·保罗·琼斯的战船"好人理查德"号遇到英国战船"西拉彼斯"号。两船在激烈交战中，双方的船长都想让对方先放弃作战。

153

送回他的第二故乡美国。当这支小型舰队靠近美国海岸时，美国海军的7艘战舰也从后面加入舰队，以此向这位勇敢的海军将领致敬。

1906年4月24日，在美国总统罗斯福的出席下，约翰·保罗·琼斯的棺木在安纳波利斯的美国海军学会

⚓ 20世纪初，美国人回想起了这位海上英雄，约翰·保罗·琼斯成为美利坚合众国建国时期的传奇人物之一。这幅绘于1906年的绘画展示了1777年琼斯作为指挥官接手管理"仁吉"号时的场景。

隆重下葬。1913 年，琼斯的遗体被转移到美国海军学
会的教堂墓穴，新的墓碑装饰华丽。经过了漫长的漂
泊——无论是在世时还是去世后——这位"美国海军之
父"终于得到了最后的安宁。

威廉·布莱：
"邦蒂"号的指挥官

1789 年 4 月 28 日是他人生中最黑暗的一天：清晨，海军少尉、英国皇家海军运输船"邦蒂"号的指挥官威廉·布莱，被粗鲁地从沉睡中叫醒，他的部下冲进舱房，把他绑起来押到甲板上，在这里他被告知，他属下的第一长官弗莱彻·克里斯蒂安和其他几位船员一起接管了这艘船。这些叛乱者把他们的前任指挥官及其 18 名忠诚的追随者一起驱逐到一艘只有 8 米长的小船里，在大船离开之前给布莱等人留下 5 天的口粮，让他们在太平洋里漂泊。

布莱完成了不可能的事：他和死亡战斗了 7 个星期。在没有航海图和任何导航工具的情况下，他驾着超载的小船行驶了 7408 公里，抵达了印度尼西亚帝汶岛的古邦。布莱凭着记忆辨认方向，驾船穿越未知海域，甚至还新发现了斐济群岛和新赫布里底群岛北部的许多岛屿——可谓航海史上名垂千古的壮举。

直至今天，这次戏剧性的"'邦蒂'号反叛事件"仍旧让人津津乐道。当初，"邦蒂"号起航时并无任何异常。为了降低供养农奴的成本，西印度群岛的几个农场主请求英国海军部门指派一艘船到塔希提岛，并从那里带回面包树幼苗。为此，英国购买了商船"贝西娅"号，并重新命名为"邦蒂"号（英文意为"善事"）。

"邦蒂"号是一艘曲线优美的战船。1784 年，这艘原名"贝西娅"号的小型三桅船下水，于 1787 年被英国海军部购来用于考察，并重新命名为"邦蒂"号。1790 年，它被反叛者在皮特凯恩岛烧毁。

为了安全运送面包树幼苗，这艘 28 米长的三桅船船尾的房间，原为指挥官的舱房，现被改造成暖房。

布莱被选为这次考察的指挥官。1776—1780 年，他曾作为掌舵人或者"主帆船手"参与了著名探险家詹姆斯·库克的第三次也是最后一次远航考察。主帆船手是英国战舰上最高头衔的水手长官。作为领航员，他必须是一位勤奋的海员和航海家。他的地位和薪水相当于一位海军少尉，尽管水手长官的头衔低于海军军官，并且水手长官的任命无须由国王委任，只需通过海军委员会（海军管理机构）的"授权"。

威廉·布莱的同时代人绘制的他的肖像版画。这幅版画上还附有布莱的签名（见 159 页右下角）。

1754 年，布莱在普利茅斯一名海关官员的家中出生。当他还是个小男孩时就在海上谋生，并很快成了一名出色而有天赋的海员。或许正因如此，年仅 22 岁的布莱就被同样优秀的领航员库克选为"决断"号的掌舵人，并且在航行中经常被委以重任。布莱和他的支持者库克一样，对各种科学研究非常感兴趣，两人之间的关系如此亲密，以至于塔希提岛的当地人以为他们是父子。然而，他们的旅行却以悲剧告终：1779 年，布莱眼睁睁地看着他的老师库克被夏威夷原住民杀害。

从库克的最后一次远航返回后，尽管布莱升为海军少尉，但美国独立战争结束后海军大量被裁减，所以他的头衔并没有实际意义。他于1781年结婚，成为一艘商船的船长，这艘船的主人是他妻子的亲戚。在此期间，他结识了弗莱彻·克里斯蒂安——一位出身良好的年轻海员。不久后，两人之间的关系变得亲密，犹如当年的布莱和库克。布莱任命1764年在英国伯明翰出生的克里斯蒂安为司务长，参与南太平洋远航。"邦蒂"号载着46名船员于1787年12月离开英国，次年10月到达塔希提岛。途中，有一名海员病亡，之后没多久，船上的医生也死了，后者被证实是一个无能的酒鬼。两人之死对布莱打击很大，因为他以库克为榜样，十分注重船员的健康状况。

和一般船上的指挥官一样，34岁的布莱是个孤独、寂寞的人。一艘船的指挥官对于他属下的海员来说简直是上帝——因为指挥官对其手下拥有几乎不受限制的指挥权和制裁权。在英国皇家海军里，各项规定的法律基础是所谓的"战争条款"，很多规定里的惩戒措施只有死刑——但即便在陆地上，当时人们遵循的刑法也是如此。逃跑或者背叛这种严重的犯罪行为由军事法庭负责，但像玩忽职守或者醉酒这种小的错误则由指挥官自行处理。轻微的错误会被罚款或者停止每日朗姆酒的配额，犯严重错误的水手会被施以鞭刑。当年库克船长对自己手下的船员也管教森严。虽然布莱并不忌惮使用鞭刑，但船员们都会观察他是否关心手下的状况。像库克这样的长官会尊重船员，因为他知道，只有感到幸福的船员才会勤快地工作。

但直到今天，布莱在书和电影里的形象都被描绘为一个暴君，他的船员们别无选择，只得背叛他。他对部下真诚的关心被忽略了。比如在塔希提岛，有3个海员想秘密逃离，根据英国战争条款应该实施死刑，但布莱对他们仅施了鞭刑作为惩罚，所以布莱并不是个残酷的人。根据史料记载，他是一位很少使用鞭刑作为惩戒手段的船长。还有一件事能证明布莱并非残酷无情：当克里斯蒂安和他的同党发起反叛时，船上大部分船员都自愿跟随布莱。参与反叛的只有9个人，但因为流放布莱的小船已经超载，一部分并未参与反叛的人不得不违心留在"邦蒂"号上。

所以这次反叛的原因并不在于严刑和暴力，而很可能是在塔希提岛的长时间停留。"邦蒂"号到达塔希提岛时是10月份，当时的面包树还处于休眠期。面包树直到幼芽长出来才可以被移栽，所以这些英国人不得不等待好几个月。轻松的工作、丰富的食物，加上塔希提岛土著女性的热情，使得塔希提岛在这些习惯了艰苦生活的普通英国海员眼中变成了伊甸园一样的天堂。

于是，在这座热带天堂岛上，懒散不可避免地取代了平日的纪律严明。1789年4月4日，当布莱一行人离开塔希提岛时，他决定彻底整顿一下秩序。船员们却渴望能回到塔希提岛。不过，这些还不足以导致叛变。

这次灾难的起因主要在于船上随时都可能爆发的各

种心理纠葛及其相互影响。对于海军少尉布莱来说，"邦蒂"号的指挥权意味着他在皇家海军升职的唯一机会。只有成功完

> 当愤怒的龙卷风爆发时，他忘记了自己的存在，但是当他认为一切都好时，他觉得没有人比自己更加热爱和平。……有一两次，我确实受到了他毫无顾忌的言语暴力，但没过多久，我的伤口就好像被贴上创可贴一样愈合了。
>
> ——乔治·图斌，布莱第二次航海的参与者

成这次远航考察任务，他才可以得到升为上校的机会。所以布莱的压力很大。此外，船员中显然只有比他军衔低的指挥官，这使得布莱性格中最阴暗的一面被完全暴露出来：他会因为手下的每一个小错误而发火，并且还会当众辱骂和指责。

4月24日，"邦蒂"号在一座名为诺穆卡的小岛上靠岸，以便补充船上的饮用水和食物储备。这原本是极为平常的操作，但却发生了意外事故：当地居民偷窃了英国人的几件武器。布莱认为克里斯蒂安应该负主要责任，因为他作为负责看守的军官严重失职，必须受到惩罚。为了索回武器，布莱效仿当年的库克，把当地人抓来当人质。但他没能成功，于是他不得不又把犯人释放。这当然没能帮布莱把在船员中失去的威信找回来。恰恰相反，有几位船员的不满情绪在随后几周内持续发酵，以至于即使是一个小事件，也导致了4月28日的那场叛变。

克里斯蒂安尤其饱受上司的辱骂和指责之苦。他曾受到布莱的栽培，并被提拔为海军少尉以及高级军官，但是克里斯蒂安的表现证明他还不能担此重任。他一次又一次地让他的上司失望，布莱也毫不掩饰自己的失望，如此一来，克里斯蒂安心里的压力更大了。这个心理状态不稳定的人最终在巨大压力下爆发了——就如

他自己所述，他觉得自己就像"在地狱里一般"。在绝望中，克里斯蒂安别无选择，只能叛变，并亲自接管这艘船。

布莱回到英国后，被誉为英雄，军事法庭无视他在失去"邦蒂"号这一事件中应负的责任，赦免他一切

📖 1789 年 4 月 28 日，布莱和其他 18 名追随者被流放。在这位有经验的海员和导航员的带领下，经过了长达 7 个星期、7000 多公里的航行，最后几乎所有人都安全到达了帝汶岛。

罪责。此外，军事法庭还给予他特殊表彰，为他的行为辩解，并晋升他为海军上校。1791 年，布莱再次负责去塔希提岛考察。但是当他于 1793 年返回时，情况有了很大变化。他这次去塔希提岛，抓获了几个当年的反叛者，并将他们遣送回了英国。其中就有一个名为彼

得·海伍德的候补海军军官。海伍德出身于有权势的家庭，于是他的家庭成员都致力于挽救海伍德被处以绞刑的结果。他们企图把布莱当成叛变的真正罪魁祸首，并取得了一定成功：10 个叛变者中，有 4 人被释放，6 人被判处死刑。国王乔治三世赦免了受刑的 3 人，其中就有彼得·海伍德；而另外 3 人于 1792 年 10 月 29 日在朴次茅斯的"布鲁斯威克"号战船上被处以绞刑。

最终被处以绞刑的人都是没

🏰 这把长刀很可能是在英国人取得坎伯当战役胜利后，布莱从一位荷兰海军上将身上得来的。

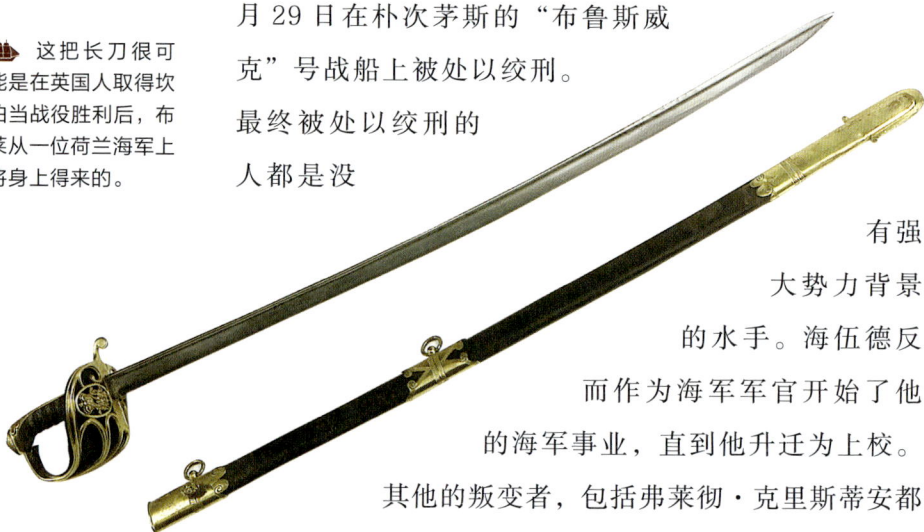

有强大势力背景的水手。海伍德反而作为海军军官开始了他的海军事业，直到他升迁为上校。

其他的叛变者，包括弗莱彻·克里斯蒂安都失去了踪迹。

弗莱彻·克里斯蒂安有一个名为爱德华的兄弟，是位著名律师，也加入了反对布莱的阵营。为了挽救弗莱彻的名誉，爱德华公开了一份小册子，里面记录了布莱在"邦蒂"号上的所作所为。和海伍德一样因参与叛变而被判处死刑但后来被赦免的"邦蒂"号水手长官詹姆斯·莫里森，也在尽一切努力让布莱名声扫地。

1797 年初，布莱被任命为配有 64 门大炮的战列舰"导向"号指挥官。4 月，海军下级水手对英国战船生活待遇的不满终于爆发而引发了罢工。所有在普利茅斯港附近的斯皮特黑德海峡停泊的海军战舰都参与了罢工，水手们要求更高的薪水、更好的生活条件，以及有权在船靠岸后享有假日。直到海军部做出让步，水手们才开始工作。5 月 15 日，斯皮特黑德海峡的罢工结束。虽然这次改革适用于整个皇家海军，但 5 月 12 日在诺尔（泰晤士河入海口）的船坞停靠的船只也发起了罢工，这些罢工的船中就有"导向"号。这次的情况和"邦蒂"号的不同，布莱和罢工发起者没有任何关系，而且和他一起被水手驱赶的还有其他军官。由于这次事件的爆发是在斯皮特黑德海峡的水手已经和海军部达成妥协之后，所以政府不同意和诺尔罢工者谈判，并且下令切断了运往船上的生活补给。政府的强硬态度开始奏效：罢工的船一艘接着一艘恢复了工作。6 月 13 日，这场罢工结束。布莱带领他的"导向"号和北大西洋舰队的船一起驶向荷兰海岸的封锁线。

1797 年 10 月 11 日，在荷兰泰瑟尔岛南部，北大西洋舰队在海军副将亚当·邓肯的指挥下对阵扬·威廉·德·温特的荷兰海军。双方都在坎伯当战役中浴血奋战。英军为这次胜利付出了沉重代价：约 200 人阵亡，620 人负伤。但荷兰的损失更惨重：约 950 人阵亡，520 人负伤。

在这场战役中表现突出的军官里也有布莱。尽管他的"导向"号船型较小，但他仍旧勇敢地向荷兰海军配有 74 门大炮的旗舰"弗莱海德"号发起进攻。最后布莱的船上只有 7 位海员负伤，所以战后其他军官纷纷向布莱表示祝贺。

在 1801 年的哥本哈根战役中，布莱的英勇表现也是有目共睹的。1800 年底，包括丹麦的北欧势力结盟为"武装中立派",严重影响了英国进入波罗的海的通道,从而危及皇家海军船只急需的建造材料。如果没有海军,英国将不堪一击。所以英国人马上做出强硬回应:海军部的海德·帕克爵士和霍雷肖·纳尔逊勋爵被派往波罗的海,以确保通道的正常使用——紧急情况下不排除使用武力。

在和丹麦谈判失败后,1801年4月2日爆发了哥本哈根战役。这次战役使丹麦海军几乎全军覆没。布莱指挥的一艘曾被派往东印度的考察船"格拉顿"号,配备54门大口径短管炮,重创了丹麦海军的旗舰"丹尼布洛"号,并最终将其烧毁。

战争结束后,布莱请求纳尔逊上将给他一个正式的文书,证明他在战役中指挥得当。这个不寻常的请求很可能是因为那些"邦蒂"号的叛变者到处传播诋毁他的名誉。纳尔逊在正式公文中肯定了布莱无可争议的指挥

🚢 在1801年4月2日的哥本哈根战役中,纳尔逊勋爵战胜了丹麦人。和1797年的坎伯当战役一样,布莱在这次战役中的表现仍然英勇而灵活。

能力："我证明，在战争中布莱的表现是无可指摘的。"

尽管后来在对阵法国革命者的战役中布莱多次表现突出，但"邦蒂"号的叛变对他来说仍然是一个黑暗的过去，令他的后半生无法安宁。

1806年，布莱被任命为新南威尔士（位于澳大利亚）的总督。当时澳大利亚是英国的犯人流放殖民地，但看管这些犯人的长官并不比犯人本身好到哪儿去。诡诈和贿赂属于这里的日常。于是伦敦派遣有责任心的布莱前往，让他在这里整顿秩序。但这次他又因为自己难以与人相处的性格而吃亏。在去往澳大利亚的途中，布莱和约瑟夫·肖特——一艘配有12门大炮的运输船"波尔波瑟"号的船长——之间就产生了不和。布莱让自己的女儿和女婿海军少尉约翰·普特兰，上了运输船"玛德琳·辛克莱女士"号。普特兰将在布莱担任总督期间负责主力工作。尽管肖特作为军官比布莱的资历要浅，但海军部还是把这一行多艘运输船的指挥权交给了肖特。这对于布莱来说是很难接受的，肖特也是一个容易和他人起争执的人。两人之间很快就开始因指挥权的事情产生不和。肖特命令向布莱所在船只的船头和船尾的大炮开炮，以明确自己的指挥权，于是两人的争执愈演愈烈。

到达悉尼后，布莱取消了肖特的指挥权，并派他回国。回到英国后，肖特被军事法庭指控，但在所有指控问题上被判无罪，这对布莱来说是个耻辱。

作为总督，布莱执行了一套不受欢迎的新法规。这些法规尽管让农民得到好处，但也阻碍了某些商人获取过高利润。于是布莱把货物和资金按需分配，同时为了让殖民地的商贸正常化，他下令停止了烈性酒的交易。某些人员被解雇，加上对布莱的行为不满，这都使得他在很短的时间内让大多数当地有权势的人和新南威尔士殖民地军官变成了自己的敌人。

最后，当布莱在所谓"朗姆酒之战"中严惩了走私犯后，他被罢免了官职。曾经在他手下为官的约翰·麦克阿瑟，现在带领那些参与"黑色交易"的军官发动了叛变。他们罢黜布莱的职位，并逼迫他登上"波尔波瑟"号离开。但是布莱并没有返回英国，他决定去考察塔斯马尼亚岛的水域。尽管布莱无法适应正常的生活环境，但在危急情况下他总是表现得非常沉稳。

当布莱测量塔斯马尼亚岛的海岸线时，叛变者利用他们和伦敦政客的关系，让这场军官叛变通过妥协草草收场。虽然布莱官复原职，但仅仅1天后一位从英国派来的新总督就正式取代了他。

1810 年，布莱再次回到伦敦。尽管才华横溢但运气不佳的布莱于 1811 年晋升为海军少将，并于 1814 年升为中将，但此后他再也没有受到重用。1817 年 12 月，布莱在伦敦死于癌症，享年 63 岁。

临死前，布莱得知了那些"邦蒂"号叛变者后来的下场。1790 年，弗莱彻·克里斯蒂安和几个塔希提岛的男女一起在皮特凯恩岛定居下来。但这个原本是天堂的地方后来变成了地狱：男人们为了争夺女人而不和，然后相互残杀；只有一个叛变者约翰·亚当斯幸存，并且成了这个由妇女和儿童组成的社群的首领。1808 年，当美国捕鲨船"托巴士"号碰巧发现了这个小殖民地时，整个世界才获悉了当时"邦蒂"号叛变者的悲惨下场。直至今天，那些叛变者的后代仍居住在岛上。

🚢 皮特凯恩岛——"邦蒂"号叛乱分子的最后避难所。当男人们互相残杀时，这个看起来像热带天堂的地方变成了"屠宰场"。这幅画绘于 1849 年。

霍雷肖·纳尔逊：
特拉法尔加的英雄

就在取得最大胜利的时刻，海军中将霍雷肖·纳尔逊倒下了。1805 年 10 月 21 日的特拉法尔加海战中，他已经非常接近自己的目标：法国海军被消灭，士兵被俘虏，法国的海上势力已经消逝。纳尔逊的胜利彻底打破了拿破仑企图占领英国的计划，并且保证了英国海军在之后 100 年内的世界霸主地位。

1758 年 9 月 29 日，霍雷肖·纳尔逊在英格兰诺福克郡的伯纳姆索普小镇出生，没有人能料到他将来会成为英国的海上英雄。这个小镇牧师的儿子又瘦又小，而且体弱多病。尽管如此，12 岁时的纳尔逊还是作为候补海员开始了他的海军生涯。一开始，年轻的纳尔逊通过亲戚关系获得帮助：他的祖母是英国第一位首相罗伯特·沃波尔的侄女，罗伯特·沃波尔曾在 1721—1742 年通过政治手腕和明目张胆的贿赂治理这个国家。但纳尔逊在海军职业生涯中升迁得如此之快，主要归功于他的勤奋。年仅 20 岁时，纳尔逊已在参与镇压美国独立的战争中升为海军上校。

虽然在海军事业上平步青云，但纳尔逊还是被迫花了很多时间完成其他任务。1784—1787 年，作为"波瑞阿斯"号战舰的指挥官，他在西印度群岛因打击商人和种植园主之间的走私和黑市买卖，引起了这些人的激

⚓ 在 1797 年的圣文森特角海战中，霍雷肖·纳尔逊的出色表现为他日后的声望奠定了基础。这幅绘于 1915 年的画作展示了纳尔逊登上一艘装配有 84 门大炮的西班牙战舰"圣尼古拉斯"号的场景。

烈反抗，很多政治上有权势的人也开始对他不满。他是一个自负又爱发牢骚的人，也不会受到正在裁员的皇家海军的重用。直到 1793 年，当法国向英国宣战时，纳尔逊的事业才有了转机：他获得了"阿伽门农"号的指挥权——这是一艘小型的配有 64 门大炮的战列舰。现在，纳尔逊有机会证明自己的勇敢和能力了。

在地中海圣文森特岛上执行各种任务时，纳尔逊通过在对阵西班牙的战役中的出色指挥，第一次展示了自己的天分。在没有接到上将约翰·杰维斯爵士命令的情况下，纳尔逊果断地掉转船头，把西班牙海军的退路切断。此举不仅为皇家海军的辉煌胜利创造了条件，还为他日后的声誉奠定了基础。纳尔逊获得了骑士称号的表彰，但他升任海军少将完全归功于他作为海军上校时作出的贡献。

对于他的上司来说，纳尔逊并不是一个听话的下属。有时候他对上级的命令有异议，就会拒绝执行。比如在 1801 年对阵丹麦海军的哥本哈根战役中，他拒绝执行停止进攻并撤退的命令，并最终取得了胜利。但他作为一名独立将领是优秀的。1798 年，通过在阿布基尔海战中战胜法国，他为英国在地中海成功夺回了霸权地位。这使得拿破仑在埃及的军事行动被搁浅，纳尔逊的胜利实际上意味着拿破仑在印度击败日不落帝国的计划失败。

纳尔逊通过自学掌握了军事方面的知识。他早年的基础教育并不全面，因为除了航海，他对其他方面毫无兴趣，就连他在皇家海军的培训也主要局限于航海。可想而知，他眼中的世界是非常简单的：他为英国国王和祖国而战。他憎恨法国人，因为他们是英国的敌人。智慧和天分帮助纳尔逊掌握了军事方面的基本知识。他对战略技巧的深刻理解在这样的成长背景下显得尤为突出。因为无数次的战斗，特别是圣文森特角（1797年）、阿布基尔（1798年）和特拉法尔加（1805年）这三场海战，都证明了纳尔逊不仅勇敢，而且还是个战略天才。

纳尔逊的目标是尽可能彻底摧毁敌方的战船。为了达到这个目的，他总是把整个战局融入自己的战略计划中。他忽略传统的海战形式，用新的技巧取代已经重复使用的战略。比如突破敌军界限以孤立对方海军阵营的一部分，接着对战被他孤立的敌军，逼迫他们投降。至于这项任务的实施，就交给他手下训练有素的强大海军来完成了。1793—1815年，英国保持着世界海上霸主的地位，很大程度上都归功于这种新式的、进攻型的战斗模式。

之前的皇家海军已经拥有强大的兵力，现在纳尔逊使其更加完善了。他把属下都纳入自己的计划中，并且让他们把"纳尔逊"的想法和创意变成自己的。纳尔逊还通过个人魅力把来自不同背景的指挥官们凝聚成一个以友谊为基础的团体，或者如他自己所述："能和手下兄弟们并肩作战，是我的福气。"当时一位军官的话更为贴切：纳尔逊指挥下的舰队就是一支纳尔逊人的舰队。

军事方面的成就带来了事业的成功和社会地位的快速攀升。圣文森特角海战之后，纳尔逊获得英国国王乔治三世赠予的巴斯勋章。阿布基尔海战胜利后，英国君主把纳尔逊列入世袭贵族之列。但是随着各种奖励和表

艾玛·汉密尔顿出身于普通家庭。在认识纳尔逊之前，艾玛就因出众的美貌而闻名。她的一位画家朋友乔治·罗姆尼，用40多幅画作把她的美貌永恒地保存了下来。

彰不断，来自英国上层社会的嫉妒和阴谋也接踵而至。在许多人看来，纳尔逊就是个暴发户。他自己经常不遵守社会习俗的事实也加强了人们的这一看法。除了军事业绩，令纳尔逊出名的还有他和艾玛·汉密尔顿长期的暧昧关系，这件事在当时的英国社会引起了轰动。纳尔逊和艾玛于1798年在那不勒斯相识。尽管当时两人都已各自成婚，但他们还是坠入了爱河。之后没多久，两人就公开和艾玛的丈夫威廉爵士一起居住。即使回到英国后，他们也毫不掩饰地继续这种三角关系。英国宫廷和上流社会对纳尔逊的通奸行为极为不满。

但是，这件丑闻并没有带给这位战功累累的海上英雄多大影响。英国人民和皇家海军，包括他的下属们都一如既往地敬重他。人们不仅佩服他用不完的能量和出众的天分，还佩服他谦和的为人，以及对属下的诚恳和爱护——这在当时的年代并非易事。但是他的成就不仅是以他属下的生命为代价得来的，更是他毫不利己、忘我付出所得来的——这个事实极大地提高了他的名声：

由于久经沙场，他多次身负重伤，一只眼睛失明，还失去了右臂。这种将领风范，加上他的平民出身，使得纳尔逊成为民族

> 突然，爱国的火种在我心中开始燃烧，它让我看到我的国王和祖国，他们都需要我的保护。'好的，'我大声说，'我想成为英雄，不管前面的路有多么危险！'

——年轻的海军军官霍雷肖·纳尔逊得了疟疾，在发高烧时经历了一场爱国洗礼

英雄，各种各样的"纳尔逊信徒"遍布英格兰。

1802 年 3 月，英国和法国在经历了 9 年的交战后，双方在法国的亚眠达成和平协议。但由于拿破仑屡次违反和平协议，英国政府不得不于 1803 年 5 月 16 日再次向法国宣战。海军中将纳尔逊爵士被任命为地中海舰队司令，他的任务是保障英国海军在地中海的霸权地位，并且支援马耳他和直布罗陀海峡的驻地英军。

1805 年 3 月 30 日，法国的地中海舰队在皮埃尔·夏尔·维尔纳夫上将的指挥下，出人意料地从土伦港出发驶往西印度群岛。对于这次军事行动，拿破仑寄予了前所未有的期望。维尔纳夫的任务是引诱英国人出地中海，法军在英军追击后，又立刻返回欧洲，意欲在英吉利海峡出其不意地重创英军，从而夺取海上霸权。拿破仑这项计划的前提是，悄悄地把集中在英吉利海峡附近的滨海布洛涅的法军派往英国。如此一来，欧洲霸权的争夺其实就已经见分晓了。拿破仑在给维尔纳夫的信中写道："您只需来此 24 小时，我们就赢了。"

纳尔逊确实在追寻这支因西班牙舰队的加入而更为强大的法国海军，甚至一直追到了加勒比海，然后又返回欧洲继续追寻，但"诱饵"维尔纳夫从未应战。8 月 19 日，在一阵疯狂追击后，纳尔逊来到朴次茅斯，这里是他 2 年零 3 个月都没回过的家。一直到了英国他才得

知，维尔纳夫和他的海军躲在西班牙南部的加的斯。在一场于加利西亚海角的菲尼斯特雷对阵英国舰队的胜负不明的战役后，这位被追击而变得更为紧张的法国海军上将决定，不再遵从拿破仑驶向布雷斯特的命令，而是向南返航。由此，拿破仑的计划落空了。

在接下来的几个星期里，纳尔逊和首相威廉·皮特以及海军大臣巴勒姆爵士一起进行了长时间的会谈。但是他也经常回到伦敦附近的默顿，以陪伴自己的情人艾玛和他们的女儿霍雷希娅。9 月 13 日，回到伦敦仅三个半星期，纳尔逊最后一次离开自己的家，直接从朴次茅斯

英国画家莱缪尔·弗朗西斯·阿博特于 1797 年绘制的霍雷肖·纳尔逊肖像画。

出发了。第二天早上，他配有104门大炮的三甲板战舰"维多利亚"号就起航了。9月28日，在他47岁生日的前一天，纳尔逊在加的斯向英国舰队报到。

法国和西班牙的联合舰队明显比英军实力更强，因为他们拥有更多的战船和大炮。但是纳尔逊并不畏惧，他想引诱维尔纳夫的海军出港，然后决一死战。为此他准备了全新的策略。这次他不再进攻敌军整个战线，而是把自己的海军分成几个部分，然后各自攻破敌军战线的几个部位，由此可以在全面进攻之前削弱部分敌军。凭借着这个天才计划，纳尔逊颠覆了18世纪严格的海军军事教条。

1805年10月21日，早上6点过后，纳尔逊开始执行他的战略计划。他向手下的27艘战船下令，让其排列成两排。大约上午11点，一场海战似乎马上要开始了。纳尔逊的心思再次停留在艾玛和霍雷希娅身上。他回到自己的舱房里，写了附加遗嘱，其中他把他所爱的人托付给了英国："我把艾玛·汉密尔顿托付给我的国王和我的祖国，让她有充足的生活保障，以便她能继续保留身份。同样，我把养女霍雷希娅·纳尔逊·汤普森也托付给我的祖国，并希望她将来保留纳尔逊这个唯一的名字。此时此刻，我即将奔赴战场，这些就是我向我的国王和祖国所拜托的一切。愿上帝保佑我的国王、我的祖国，以及所有我爱的人。"重新回到甲板上时，纳尔逊收到报告，特拉法尔加已经出现在视线内了。11点35分，所有英军战舰上飘起了旗帜，人们听到了纳尔逊的名言："英国期待每个人都完成自己的使命。"（England expects that every man will do his duty.）

纳尔逊的对手维尔纳夫

皮埃尔·夏尔·维尔纳夫出生于 1763 年 12 月 31 日，他来自法国最古老的贵族家庭之一。1779 年，他作为候补军官加入法国皇家海军。和其他的贵族军官不同，维尔纳夫在法国大革命之后向共和国宣誓效忠，并于 1794 年升任海军少将。

在 1798 年 8 月 1 日的海战中，他第一次遇到英国海军上将霍雷肖·纳尔逊。法国舰队全军覆没，只有维尔纳夫带领两艘战舰成功逃离。当他的同事们都指责他是个懦夫时，拿破仑却认为他是个幸运的人——这是一种恭维，因为在拿破仑看来，幸运也是军事才华的一方面。

1805 年 10 月 21 日，维尔纳夫作为法国和西班牙联合舰队的统帅，在特拉法尔加第二次和纳尔逊相遇。他站在已经严重受损的旗舰"布森陶尔"号的甲板上，不得不目睹自己勇敢的舰队是如何全军覆没的。最终维尔纳夫向英军投降。

1806 年初，维尔纳夫做出承诺后被释放。但等待他的并不是光荣的回归，因为拿破仑无法容忍失败者。4 月 22 日，有人发现维尔纳夫死在雷恩酒店的房间里，死因是身上多处被刺伤。这到底是自杀，还是拿破仑派人刺杀，至今没有定论。

🚢 19 世纪海军上将维尔纳夫的肖像画。

快到 12 点时，等待已久的时刻终于到来。当纳尔逊的迎风船队还在和敌人周旋时，他的背风船队在副将卡恩伯特·柯林伍德的指挥下攻击敌方后卫，柯林伍德带着他的旗舰——三甲板的"皇家主权"号紧随西班牙战船"桑塔安娜"号的船尾，攻破了敌军阵线。英军的震天大炮开始猛烈攻击。

半小时后，纳尔逊的"维多利亚"号也加入战斗。当他的三甲板旗舰遇到维尔纳夫的旗舰"布森陶尔"号时，纳尔逊下令左舷开炮攻击眼前这艘配有 80 门大炮的双甲板战舰。这次攻击给法军带来无法逆转的损失：海战才刚刚开始，法军旗舰就被纳尔逊如此重创，以至于它无法再继续参战。之后没多久，"维多利亚"号侧面对战配有 74 门大炮的法国战舰"勒多塔部勒"号。英军其他的迎风战舰也逐渐加入，纳尔逊的计划开始奏效：由于战斗力集中，英军在几个关键位置的实力胜于敌方船队。纳尔逊完成了他的任务，他不需要去指挥什么了。

现在海战的走势已经摆脱纳尔逊的控制，演变成一场混战。他随着"维多利亚"号的指挥官托马斯·哈迪走上旗舰的甲板。但没多久，哈迪就发现纳尔逊不在他身旁了。"勒多塔部勒"号上的狙击手认出了纳尔逊身上佩戴的勋章，用步枪给了他致命一击。纳尔逊知道自己将死："哈迪，他们终于击中我了。"哈迪命人把纳尔逊抬到位于水位线以下的医疗船舱里。那位击中纳尔逊的枪手随即被抓，两位"维多利亚"号上的海员为了给纳尔逊报仇，用步枪把枪手绑在后桅杆上击毙了。

西班牙人和法国人如此英勇奋战，让英国人佩服不已。到了 14 点，即开战仅 2 个小时后，这场海战的结局已经见分晓。联合舰队被分割成两部分，中心部分被摧毁，8 艘法国和西班牙的战舰已经挂旗示降，其中包括维尔纳夫的旗舰"布森陶尔"号。

1 小时后，柯林伍德也赢得胜利。哈迪赶紧奔向医疗船舱，告诉纳尔逊胜利的消息，已经有 14 艘或者 15 艘敌方战舰投降了。"这很好。"将死的纳尔逊虚弱无力地说。他请求哈迪和自己告别，然后说："谢天谢地，我完成了自己的使命，感谢上帝，感谢祖国。"之后没多久，纳尔逊停止了呼吸。"维多利亚"号的航海日志上用平实的语言记录了这一时刻："直到下午 4 点 30 分还有零散的枪击声，此时，最尊敬的纳尔逊子爵、巴斯勋章获得者和全军统帅，在得知胜利的消息后，因伤去世。"18 艘敌方战舰被英军占领或者击毁，而英国没有损失一艘战舰，只有几艘被重创。

1806 年 1 月 9 日，纳尔逊在伦敦被隆重安葬。为了送他们的英雄最后一程，上万名市民站在街道旁。"就连平日里要饭的人也为了观看，起身离开了自己的位置。""维多利亚"号的牧师亚历山大·斯科特医生如此写道。他深深同情艾玛·汉密尔顿，因为她被拒绝参加葬礼。最终，纳尔逊被安葬在圣保罗大教堂的墓地里。

为了彻底破坏拿破仑的入侵计划，纳尔逊付出了生命的代价。联合舰队被击毁，法国和西班牙的海军不足以成为拿破仑攫取权力的工具。然而，尽管英国在特拉法尔加取得了胜利，海战仍持续了 10 年，只是期间再无大型的战役。虽然拿破仑几乎踏平了整个欧洲，但他始终未能战胜自己最畏惧的敌人。英国反而能够联合拿破仑的敌人，并最终战胜了这位法国皇帝。

1815 年，法兰西第一帝国以失败告终，欧洲重新建立安全体系，这个新体系的基础就是各国力量的均衡原则。1821 年，当年的法国皇帝在英国的软禁之下在圣赫勒拿岛去世。英国在战胜法国后，无论是经济实力还是政治实力都成为欧洲霸主，而且在后来的一个世纪里称霸世界海洋。毫无疑问，纳尔逊也属于世界史上最伟大的海上英雄之一。他在特拉法尔加取得的胜利决定了日后 100 年的世界面貌。

时至今日，纳尔逊从未被忘记。英国海军每午都会纪念这位伟大的英雄。每年的 10 月 21 日被定为特拉法尔加日，并在皇家海军战船上举行纪念纳尔逊的宴会。在向英国女王致以传统敬礼后，接下来就是祝酒词，对 200 多年前牺牲的纳尔逊致以崇高的敬意："永恒的记忆。"（The Immortal Memory.）在英国人的记忆中，霍雷肖·纳尔逊永垂不朽。

在伦敦的特拉法尔加广场上竖立着纳尔逊的雕像。他在特拉法尔加海战中的旗舰"维多利亚"号，至今仍是皇家海军正在使用的战舰的名称。当年的三甲板战舰现在在朴次茅斯，供人们观赏。

181

Captures &c.
El - Gamo.
2. Spanish Frigates.
Vic.ᵗ in Basque Roads.
Thanks & Freedom of y.ᵉ City
Votes for Wes[t]
Thanks of [the] House.

Addre[s]s
to the Electors
on Lord Ell[.]
Charge to the Ju[.]

托马斯·科克伦：
一个天生的"海盗"

　　无论英国把皇家海军历史精简到何种程度，都不可忽视这位出其不意的天才托马斯·科克伦，即后来的邓唐纳德伯爵第十。他的一生既充满英雄气概，同时也是一场悲剧……"从纯粹的战斗勇气、大胆和丰富的想象力方面看，邓唐纳德伯爵第十恐怕无人能及。"英国史学家迈克尔·刘易斯如此评价苏格兰海军将领托马斯·科克伦，也就是第十代邓唐纳德伯爵。此人在事业上的曲折经历不仅引起了史学家的兴趣，还为无数个海上探险故事提供了灵感。曾服务于科克伦的弗雷德里克·马里亚特、霍恩布洛尔系列小说的作者塞西尔·斯科特·福雷斯特，还有《杰克·奥布雷船长》的作者帕特里克·奥布莱恩——这些小说家们总能从这位"天生的海盗"曲折、离奇的生平中为自己的创作找到灵感。但是科克伦的名字却很少有人知晓。

　　1775年12月14日，托马斯·科克伦出生于苏格兰拉纳克郡伯爵领地内的安斯菲尔德，他的母亲叫安娜，父亲是第九代邓唐纳德伯爵阿奇博尔德·科克伦。尽管科克伦一开始打算在军中创业，但他更愿意为皇家海军服役。17岁时，他作为候补海员第一次加入海员队伍，在一艘由他的叔叔指挥的三桅快速战船"兴德"号上服役。这时的英国海军非常缺人，因为自1793年2月1日

这幅当年的漫画展示的托马斯·科克伦正处于事业低谷：一半的他是个海军将领，但是这个职业的典型象征物已经被毁坏，散落在地上，另一半的他是个平民和囚犯。1815年，科克伦因涉嫌参与所谓市场蒙骗案而被囚禁于皇家法庭监狱。

法国国民公会向英国宣战，直到 1815 年的 20 多年里，英国和法国在世界各地一直相互征战，以击败对方、夺取欧洲霸权。

1798 年，已经成为海军少尉的托马斯·科克伦被派往"弗卓延特"号。这是当时的地中海海军上将基思爵士的旗舰。但是在这里，科克伦遇到了舰队司令事业上的第一个挫折：在摩洛哥的得土安海港上岸后，科克伦

科克伦的小炮艇"迅捷"号受到西班牙战舰的攻击。

只向他的指挥官做了报告，而没有向大副报告。当被质问时，他的回答是，大副"不应该让自己在指挥官面前出丑"。从此，关于他"对长官失敬及无礼"的谴责就没有停止过，最终他还被送上了军事法庭。在法庭上，科克伦因不服从上级和失礼行为而被指责。但科克伦幸运地被无罪释放，同时他收到基思爵士的警告："科克伦爵士，我受法庭委托，告知您，您作为军官不可以对

上级使用粗暴言语……"

1800 年 2 月，科克伦受命把刚刚截获的法国战列舰"吉尼罗"号带入英军占领的梅诺卡岛的马翁港。这项任务科克伦险些未能完成，因为在途中他遇到了海上风暴，差点无法到达目的地。作为奖励，科克伦被升任为一艘极小型的炮艇"迅捷"号——用科克伦自己的话说就是"一艘战舰的滑稽模型"——的指挥官。随后，这位新任指挥官奉命在西班牙海岸线前展开商贸战，因为西班牙已经决定加入法国阵营参战。对于像科克伦这样一位充满野心的军官来说，这样的任务最合适不过。13个月里，科克伦截获了 50 多艘敌方船只。

在如此短的时间里，科克伦和他的"迅捷"号对西班牙航海路线构成了极大的威胁，以至于西班牙政府派遣一艘由三桅战舰掩饰成的商船，专门来捕获"迅捷"号。但是科克伦极为机灵，他在游击战方面是个天才，很快就有了对策。科克伦把他的小炮艇装扮成丹麦的商船。为了让效果更逼真，他还让手下一个丹麦人临时担任船长。西班牙人由此被蒙骗过去，把眼前的英国船放走了，让科克伦逃过一劫。

1805 年 5 月 5 日，又有一艘西班牙三桅战舰出现在海面。这次的情况毫无希望，无论掩饰还是逃离都已经来不及。于是科克伦决定马上进攻：用他那艘只有 14 门大炮和 54 名船员的小炮艇，去攻击装备有 32 门重型炮和 319 名船员的西班牙战舰。对方的实力实在太强了，但是科克伦并没有糊涂：在一场近距离较量中，他竟成功战胜了这艘名为"加莫"号的战舰。英军只有 4人阵亡，17 人受伤。

科克伦把"加莫"号作为战利品带进马翁港。对这次意外成功，他当然感到十分骄傲，并希望能由此获得相应的奖励——但是并未如愿：直到 1805 年 8 月，科克伦才被升任为海军上校，但他经历这么多艰险战役理所应得的首席军官头衔却没有实现。这足以使自视甚高的科克伦在写给海军上将圣文森特爵士的信中，愤怒地要求升职。此事又令自负的科克伦在海军部里声名狼藉。

1802 年 3 月，《亚眠条约》的签订结束了英国和法国之间的战争。在接下来并不安定的 14 个月里，科克伦参观了爱丁堡大学。在这里，他参加了数学家、哲学家和启蒙思想家杜格尔德·斯图尔特的公开课。1803 年，当这个短暂的停战期结束后，他再次报名加入新的战舰。圣文森特爵士有意指派给他"阿拉伯"号，这是一艘由商船改造的配置简陋的战舰。但这对渴望建功立业的科克伦来说似乎并不算糟糕，因为他接受的任务是带着这艘"水上漂浮的棺材"去奥克尼岛东北部，保护那里的渔场。

⚓ 这是身为海军上将的托马斯·科克伦所佩戴过的肩章。

在接下来的 15 个月里，如科克伦自己所述，他过着"流放生活"。直到圣文森特爵士的职务由梅尔维尔爵士替代，科克伦才被任命为三桅战舰"帕拉斯"号的指挥官，他的任务是破坏亚速尔群岛的贸易。如今终于远离对他疑心重重的圣文森特爵士，科克伦得以回到自己的最佳状态。在 1805 年 2 月和 3 月间，他成功捕获了一批西班牙运宝船。这些船还未得知英国和西班牙已经开战的消息，所以毫无戒备地经过科克伦的战舰。科克伦自行把原计划 10 个星期的行动延长至 3 个月之后，于 1805 年 3 月回到了普利茅斯。他认为自己作为一个胜利者就应该有排场，以显示他的丰功伟绩：他送给每一位水手一个巨大的金蜡烛架，而他自己的战利品大概价值 7.5 万英镑——相当于今天几百万欧元。

随后科克伦离开了航海队伍，这位自由主义者决定从政。海军军官坐在国会里议政，或者拥有政治职务，这在当时并不稀奇。但是和其他大部分的议员不同，科克伦有着非常清晰的目标。身为极端自由主义者，他想铲除腐败贪官并投身于政治改革。由于性格怪僻，科克伦在国会里必然受到关注。

理论上，英国国会代表着整个民族的利益，但实际上，这就是一个由贵族和富豪市民阶层组织的集会。一个人的选举权和他的财产相关联，所以拥有选举权的人数量相对较少，贿赂选民成为日常现象。尤其臭名昭著的是所谓"衰败选区"，即选民数量很少的选区，这里的选票通常被议员收买。当时这些行为还是公开的，并没有加以掩饰，所以科克伦正好可以利用这点。当他第一次在一个"衰败选区"霍尼顿竞选失败后，他仍然给所有受对手贿赂而并没有选他的选民们每人 10 个基尼（旧英国金币）。如他所述，这样做是希望能奖励这些人的真诚。到了第二轮选举时，科克伦获得国会席位

> 他是个海盗，不是海军上将。英国海洋史中没有人像他这么浪漫，因为他喜欢用一种对于他来说非常典型的充满了戏剧性的形式来完成自己想要做的事。
>
> ——克里斯托弗·劳埃德，英国海洋历史学家

就成了顺理成章的事。通过在竞选中使用计谋，科克伦在下一次选举中大获全胜。然而，期待丰厚报酬的选民们失望了：科克伦说任何形式的政治贿赂都是可耻的，所以坚决拒绝为选举埋单，这激怒了霍尼顿选区的选民。科克伦自己也清楚，他已经失去在这个选区继任的机会了，于是他转去威斯敏斯特选区。

作为来自霍尼顿（后来转去威斯敏斯特）的国会议员，科克伦总是直截了当地阐述问题——这也是他一贯的作风。他激烈抨击政府的所作所为，并坚持不懈地反对贪污腐败，尤其是皇家海军及其管理机构。但同时，他并没有放弃航海。直到 1809 年为止，他交替担任政客和三桅战舰"英博雅司"号的指挥官，"英博雅司"号几乎一直都在大西洋和英吉利海峡作战。科克伦凭借勇敢和机智，曾在一天之内就捕获了 3 艘法国快艇。拿破仑称他为"海豹"。

但是一次突然袭击给科克伦带来了灾难性的后果。1809 年 4 月，他向上级介绍自己的计划：他打算在拉罗谢尔以南、罗什福尔以北的巴斯克海峡的法国海军军港进攻法国中型舰队。他计划首先把法军中装满了易燃易爆物品的船只点燃，然后让它们驶向其他敌船，由此引起敌方阵营混乱。英军船队则利用这场混乱，让法国人阵脚大乱——这是典型的科克伦计划：勇敢并出其不

意。他的上级同意了这次计划。

但是事情进展并非如科克伦所想。法军港湾的拦截线由木桩之间的铁链组成，异常坚固，且不容易燃烧。尽管法军陷入混乱，但是英军也无法进行关键性的进攻。一阵混乱之后，法军舰队大部分船只得以完好无损地撤离。战后，科克伦以未完成职责为由公开指责他的指挥官甘比尔爵士（上将）："甘比尔爵士在巴斯克海峡所取得的唯一胜利就是让自己的船撤离，尽管敌人正在安安静静、鬼鬼祟祟地把他们的船拖上岸——离我们的舰队仅仅9海里（16.668公里）。"

由于科克伦的指责，军事法庭开始审判。其结果是意料之中的：甘比尔爵士被无罪释放。就这样，科克伦的职业生涯被彻底摧毁。他的指责可能本身并没有错，但是他指责自己上级的方式在海军部领导看来是不可接受的。

更严重的是，科克伦还卷入了一场金融诈骗案。在刚刚担任他叔叔海军中将亚历山大·科克伦的旗舰的指挥官时，他就涉嫌操纵股市。他的另外一个叔叔安德鲁·科克伦·约翰斯通和几个合伙人联手，在伦敦散布拿破仑去世的谣言，导致股票疯狂上涨。第二天，股票上涨后又下跌，约翰斯通和他的同伙因此赚得盆满钵满。就在约翰斯通散播谣言的那天，科克伦正好和他这位叔叔一起吃早餐，并且毫无防备地在家里接待了这位所谓负责传播谣言的信使。现在人们怀疑，科克伦也参与了这次操纵股市的事件。他这么多年所树的敌人可以利用这次机会，把其罪名坐实，并且让他名声扫地。

科克伦的清白在今天可以被证实了。但当年他还是被判处 1 年的有期徒刑和罚款；此外，他还要佩戴枷锁示众 1 小时。这些最终未能执行，因为大家害怕会引发科克伦的追随者的暴动。然而似乎这场原本就不公正的审判结果还不够耻辱：1814 年 6 月，科克伦毫无尊严地被赶出了皇家海军和下院。尽管科克伦被英国海军解雇的结果无法逆转，他还是意外地在威斯敏斯特选区取得了多数选票。于是他又带着胜利再次进入下院。

在接下来的几年里，科克伦一直受到金融事件的负面影响。所以 1817 年，他欣然接受了新成立的智利共和国提供的职位，即智利独立战争中对抗西班牙的智利海军总指挥。他又一次取得惊人的战果。在 1820 年 11 月 5 日夜里，科克伦带领几艘小舟在黑夜的掩护下进入秘鲁海岸的卡亚俄城中一座带有堡垒的海港。海港的防御系统非常强，还配有多门大炮以抵御外来敌人的进攻。但科克伦并没有因此感到害怕，他和他的手下登上一艘配有 44 门大炮的三桅战舰"埃斯莫拉达"号，并把这艘船作为战利品从海港偷走了。他还设法以一支小规模队伍就夺取了瓦尔迪维亚城。但是他再次引起了纷争：由于和当地有权势的政客之间产生矛盾，科克伦于 1823 年辗转到了巴西。随后他又弃职回到了欧洲。从 1827—1828 年底，在和土耳其的战争期间，科克伦担任希腊海军的总指挥官。不过在此期间，他把重点放在了整治海军管理的混乱和无能方面，而非如何对抗敌军。

在随后的几年里，自 1831 年父亲邓唐纳德伯爵去世起，科克伦就致力于在英国恢复自己的名誉，以及光荣地重返英国海军。1832 年，国王威廉四世给予他"国王的宽恕"。重新回到皇家海军后，科克伦在同一年

晋升海军少将，对于 1841 年成为海军中将。直到 1848 年，科克伦一直致力于通过在战舰上采用蒸汽发动机和螺旋桨发动机，使皇家海军走向现代化。1848—1851 年，科克伦是美洲和西印度海军总指挥。1851 年，他晋升为海军上将。此时已年近 80 岁的科克伦还在争取 1854 年克里米亚战争的海军总指挥，但是这次他被拒绝了。1860 年 10 月 31 日，第十代邓唐纳德伯爵托马斯·科克伦去世。

喜好进步的科克伦不畏惧接触新科技，即使已经年迈，他也命人为自己拍照。

第四章

战士和冒险家：
现代的航海家

📖 这幅上过色的明信片上就是德国装甲战舰
"舍尔上将"号。这艘战舰在第二次世界大战
期间多次参与进攻盟军商船和其他军事行动。

约翰·阿巴斯诺特·费舍尔：
一位卓越的改革家

约翰·阿巴斯诺特·费舍尔不是霍雷肖·纳尔逊。他能够成为英国海军首脑，并非归功于他作为一名独具魅力的海军将领的领导能力，而是因为他是一名孜孜不倦的改革家。英国皇家海军之所以能够在第一次世界大战中称霸海洋，至今都被认为是费舍尔的功劳。这主要源于他在1904—1910年所实行的改革。

1841年1月25日，费舍尔出生于锡兰，即今天的斯里兰卡，他在家里11个孩子中排行老大，父亲威廉·费舍尔是一位英国陆军军官。在他出生后不久，父亲就离开军队，开始经营咖啡种植园，但由于亏损严重而欠下一身债务，难以维持家庭开销。6岁时，费舍尔被送回英国，由外祖父母抚养。但外祖父母同样不富裕，一家人只得靠出租房产度日。年幼的费舍尔从此再也没有见过自己的父母。

13岁时，常被称为"杰基"的费舍尔作为候补军官加入英国皇家海军。入学考试是写出主祷文和裸体跳过一张椅子。当时英国的海军将领培训并不注重知识素养，而且科学研究在皇家海军内部也没有受到尊重。出身于社会上层的海军军官在很长时间里都排挤那些比自己出身卑微的机械军官，因为他们不是"绅士"。随着科技的发展，这些陈旧的观念才逐渐被改变。

海军上将约翰·阿巴斯诺特·费舍尔对20世纪初英国海军政策的影响无人能及。为了实现对皇家海军的改造，他的极端主义作风引起保守派的尖锐批评。

　　1850 年，英国海军大部分装备还是和纳尔逊时代一样的木质帆船，蒸汽发动机和其他新技术在海军中的应用十分有限。费舍尔服役的第一艘战舰是制造于 1831 年、配有 84 门前膛炮的帆桨战列舰"加尔各答"号。跟随这艘船，他参与了 1853—1856 年的克里米亚战争。当时的英国和法国加入土耳其阵营对抗俄国，而俄国的目的是击败正在瓦解的奥斯曼帝国，扩张自己的领土。

　　和他的前辈纳尔逊一样，费舍尔的晋升最开始归功于他的能力。他聪明、热情，极有野心，一位与他同船的战友描述费舍尔是"我见过的最有趣的候补军官"。费舍尔还具有非凡的个人魅力。通过这样的魅力，他总能成功地赢得重要人物的好感，并使

之成为他仕途上的助力。

1860 年 11 月，费舍尔顺利通过军官晋升考试，获得海军少尉头衔。除了在航海知识和炮兵学这两门课程中取得优异成绩，他在满分 1000 分的导航学考试中取得了 963 分，这也是史上最高分。

这个时期，科技的发展开始威胁老式的木质帆船舰队的统治地位。当年英国的确依靠这些旧式舰队取得了世界海上霸主的地位，但现在，科技的革新决定了战舰的构造：蒸汽驱动和其他新技术被运用到海军战备中。1859 年，深海装甲战舰"荣耀"号在法国启航。1 年后，英国人以一艘装甲驱逐舰"勇士"号作为回应。和"荣耀"号不同的

1860 年启航的战舰"勇士"号是第一艘带有钢铁船身的装甲战舰。这艘早期的装甲战舰其实就是钢铁船身的帆桨战舰，蒸汽发动机只是辅助。"勇士"号如今被安置在朴次茅斯港，以供参观。

🔱 1905 年启航的"无畏"号被认为是第一艘现代化战列舰。它比同时代的其他战舰体形更大,攻击力更强,速度更快。

是,"勇士"号的船身是由钢铁打造的。

除了用钢铁替代木质材料,以及蒸汽驱动最终取代帆桨,随后竞争的重点在于钢甲质量和炮弹的穿透力。最后解决重炮安置的最佳方案是可旋转的炮口,由此大炮可以向任意方向发射炮弹。

费舍尔对于科技革新的态度总是非常开明的。当他还在炮兵学校训练船"卓越"号上任教时,就开始研究鱼雷技术了。当时这种有自己的驱动力和控制系统的水下炮弹刚刚被引进,费舍尔还成了水雷电动点火装置的专家。年轻的费舍尔已经在海军中小有名气。

1874 年,费舍尔晋升为海军上校后,在海上度过了接下来的几年。1881 年,他担任战列舰"不屈"号的指挥官——这也是当时英国皇家海军最现代、攻击力最强的战舰。1882 年,当英国海军轰炸亚历山大港时,这艘装甲战舰由于出色的射击能力而引起人们注意。然而费舍尔的才干不仅表现在海上:他还把一列火车改装成了装甲战车,以便在陆地上也能回击抵抗者。为此他获得了英国最高荣誉奖章之一的巴斯勋章。

但后来费舍尔感染了疟疾,并被强行遣送回英国,因为第一海务大臣诺斯布鲁克勋爵认为"海军部能再造一艘'不屈号'战舰,但不会有第二个费舍尔"。在 9 个月的康复期间,费舍尔受到维多利亚女王的接见,并和她的儿子、后来的国王爱德华七世成了朋友。

康复后的费舍尔于 1883 年 4 月晋升为炮兵学校训练船"卓越"号的指挥官。就像以前着迷于鱼雷一样,如今他同样醉心于火炮的研究。这些年,费舍尔开始和媒体紧密合作,他有意利用媒体,从而使受媒体影响的

公共舆论对自己有利。

1890 年，费舍尔晋升为海军少将，两年后成为第三海务大臣及皇家海军最高管理和指挥机构海军部的财务大臣。除了建造战舰，他的任务还包括发展炮兵学。在此期间他实施了一系列现代化措施，其中包括将驱逐舰作为新一代战舰引入皇家海军。1894 年，维多利亚女王授予费舍尔巴斯勋章。晋升为海军中将后，费舍尔于 1897 年成为西印度舰队的司令。

1899 年，费舍尔回到了欧洲，并作为海务专家被派往在荷兰首府海牙召开的第一次国际和平会议。该会议由俄国沙皇号召举行，谈判目的是就国际章程和公约达成一致，以便将来能够和平解决争端。费舍尔代表英国皇家海军的利益，坚定地拒绝所有海军限制条例："我期望的并不是战争，而是和平！正因如此，我们需要一支强大的海军。"费舍尔并不是唯一一个公然反对裁减军备的人，因此会议的成果局限于国际战争法和常设仲裁法院，以解决国际冲突，但没有国家必须遵守仲裁法院的宣告。

海军上将约翰·阿巴斯诺特·费舍尔（左）和海军上将查尔斯·贝雷斯福德勋爵（右）一辈子都是死敌。就算在政治领域，他们也是对手。

接着，费舍尔担任地中海舰队总司令，并于1901年11月晋升为上将。1年后，他成为第二海务大臣，负责皇家海军的人事工作。借助这个职位，他再次开始实行改革。1903年，军官培训部门通过"费舍尔－塞尔伯恩模式"实行全面改革，海军军官和机械军官将在一起培训，由此建立一个统一的军官队伍。虽然费舍尔自己是一名海军军官，但他认识到机械工程师对海军军备科技化的重要性，所以他致力于提升机械军官的待遇。可皇家海军中的机械军官仍然在很长一段时间里无法获得相应的社会尊重。

20世纪初，德国的皇家海军在波罗的海逐渐成为英国的隐患。俾斯麦认为德国是欧洲大陆的强国，但是在德皇威廉二世看来，德国应该是世界海上霸主。1897年，阿尔弗雷德·蒂尔皮茨（1900年后改名为阿尔弗雷德·冯·蒂尔皮茨）被任命为德国海军部的国务秘书。1898年，蒂尔皮茨开始扩建海军舰队。这支舰队的存在让英国觉得，倘若真的发生战争，那么最终的胜利取决于波罗的海的海战。德国充满野心的海

军舰队计划最终导致了英德之间灾难性的军备竞赛，以及德国在外交上的被孤立。

其实，英国一开始并没有把德国舰队放在眼里。和许多报道不同，费舍尔被任命为第一海务大臣（英国皇家海军首脑）和德国海军扩张并无直接联系。在外交政策上，英国最危险的敌人是法国和俄国，而不是德国。

1904 年上任后，费舍尔开始着手实行英国皇家海军的全面改革。他最重要的目标是提升"海军舰队的效率"，以及让它"随时准备应战"。但和很多人的猜测不同，费舍尔并不是个战争狂，他想通过威慑来避免战争。费舍尔结束了之前英国战舰在世界各地驻扎的状态，而把皇家海军集中在欧洲海域。这样不仅能保护英国各个岛屿，并且借助机械发动机，使得舰队能够在很短的时间内到达世界各地。

同时，这位精力充沛的改革家还开始淘汰一批旧式的、在战斗中没有太大意义的战舰。如费舍尔自己描述的：这样的战舰"既不能打仗，又不能逃跑"，就只能被当成废铁处理。其余还有些用处的旧战舰就被收集到储备舰队，原先用于维持这些战舰的开销被费舍尔用来建造攻击力更强的现代化战舰。通过这样的方式，费舍尔有效地利用了现有资源，建造了一支尽管战舰和人员数量较少，但战斗力更强的舰队。

1904 年，英国和法国签订《英法协约》。虽然这次相互"真诚的赞许"之初始目的并不是对抗德国，而是调停两国之间有关殖民地的争端，但却影响了欧洲大国的势力均衡。至少德国海军战备要继续增强以抵御英国皇家海军又获得了一个理由，这其中媒体也起到了不小的作用，为了给海军军备做宣传，媒体经常提出"德国危险"。1907年，英国、法国和俄国签订了所谓的"三国协约"，这个举动被德国人理解为敌人对自己实行的外交孤立。

在这些年里，费舍尔对战舰进行了革新。直到20世纪初，所有欧洲大国海军舰队的核心部分都是所谓的"前无畏舰"，即"无畏"号之前的战列舰。它们的主要武器是分别安置在船头和船尾的一门双炮口旋转重型大炮。在战斗中，它们一艘接一艘排成纵列前进，向敌方开炮，同时不会相互影响。这也是"战列舰"一词的来源。

1905年，英国的战列舰"无畏"号启航。这艘新型战列舰比之前所有战舰都更快、更强。作为现代战舰的雏形，"无畏"号的不同之处在于它的主要武器是5门口径为30.5厘米的双炮口重炮，相比之下，同期最先进的德国战舰上4门28厘米口径的大炮中只有一门是重型炮。同时，英国人还研制出武器装备和"无畏"号一样强大的战列巡洋舰，并且由于使用更为轻便的装甲，它的速度比"无畏"号更快。正是这些快捷而战斗力强的战列巡洋舰使费舍尔看到了未来。但鉴于德国海军的战备状况，英国开始制造大批"无畏"号类型的战舰。同时，费舍尔还督促建造潜水艇，因为他认为潜水艇能彻底改变海战方式。他还起草了一套以驱逐舰和潜水艇的使用为基础、阻止敌军进攻的新计划。

新的大型战舰使旧式的战列舰、装甲巡洋舰，以及大型巡洋舰在一夜之间失去了军事价值——这在英国引起了争议。德国也效仿英国，根据1906年德国海军法补充条例、以"无畏"号为样本建造的德国大型战列舰计划于 1908 年投入使用，并同时开始建造战列巡洋舰。

通过把英国战舰集中在欧洲，并对海军进行现代化改革，费舍尔极大地提高了皇家海军的战斗力。他还对英国海军的机构和造船部门的管理进行了改革，从而推动炮兵学继续发展。他还主张用燃油动力取代燃煤动力，因为燃油不仅能提高燃烧效率，还更加易于存放。

费舍尔认为，大英帝国的安全完全取决于皇家海军。他坚信，只有强大的海军才能阻止其他国家攻击英

⚓ 海军大臣温斯顿·丘吉尔（右）在他的办公室里接待费舍尔。关于 1915 年初的达达尼尔海峡之战，二人意见大相径庭。费舍尔拒绝这项军事行动，从而于 1915 年 5 月辞职。

国。因此，他推行的改革就是为了减小战争发生的可能性。在费舍尔看来，德国海军军备是尤其危险的，这也促使英国皇家海军随之加强战备。除此之外，费舍尔想建立一支实力领先于所有国家的英国舰队。

1905 年 12 月，费舍尔晋升为海军上将，也称海军元帅，还被允许可以自行决定何时退休。费舍尔强力推行的皇家海军改革并非没有争议，尤其是来自保守派方面的。费舍尔亲近自由派，这使他在海军中成了少数派，特别是在数量上裁减舰队引起了保守派的极大不满。在皇家海军内部，他有跟随者，也有坚定的反对者。费舍尔的原则是，最有能力的人才能获得晋升，而非工龄最长的人，这使许多海军军官无法理解，因为这样做打破了很多传统。但随着年龄增长，费舍尔反而变得更加独断专行："我会毁掉每个反对我的人。"

费舍尔高傲和急躁的性格使他树敌不少，其中最出名的就是海军上将查尔斯·贝雷斯福德勋爵。贝雷斯福德于 1907 年担任海峡舰队总司令。两人都属于有才干的海军军官，但是他们对舰队的未来以及皇家海军的改革意见相左。由于两人都有登上第一海务大臣位置的野心，平民出身的费舍尔和贵族出身的贝雷斯福德之间的矛盾愈演愈

烈。1909年1月，贝雷斯福德被解除海峡舰队司令职务后，他身为议员公开批判费舍尔及其改革，这使两人间的矛盾激化。

1909年，费舍尔获封为费舍尔男爵，成为英国贵族，并于1年后退休。他的继任者上将亚瑟·威尔逊爵士继续实行费舍尔的改革。1912年，费舍尔担任科技委员会主席，并致力于让所有皇家海军战舰使用燃油动力。

但这并非他事业的终点。第一次世界大战爆发后，费舍尔依照丘吉尔——1911年起担任英国海军大臣——的意愿再次回到岗位。1914年10月，费舍尔再次担任第一海务大臣，即使已经73岁高龄，他仍旧精力旺盛。费舍尔很清楚自己的策略：首先清除国际海域的敌船，然后剿灭德国在波罗的海的舰队，最终获得波罗的海上的霸权。同时，通过封锁来破坏德国的海上商贸航线，从而切断其生活物资和原料的供应。

但是，费舍尔必须首先把注意力放到南美洲上。11月1日，驻扎在太平洋的德国东亚舰队在中将马克西米利安·冯·施佩的带领下，在智利海岸的科罗内尔附近消灭了一支英国舰队。鉴于敌方实力远胜于自己，施佩决定绕过合恩角返回德国。费舍尔在伦敦得知此事后，迅速做出决定，下令让战列巡洋舰"必胜"号和"坚定"号出发，在南大西洋拦截德国舰队。1914年12月8日，德国战舰在马尔维纳斯群岛遭遇这两艘战舰和其他英国海军，随后几乎所有德国战舰都被击沉，2200多名德国水兵阵亡，其中包括施佩本人。这是第一次世界大战中唯一一场胜负分明的海战。

尽管取得这样的成果，费舍尔和丘吉尔之间还是从

1915 年开始不和。1914 年 10 月，奥斯曼帝国加入第一次世界大战，并和德国以及奥匈帝国并肩作战。由此，协约国通往俄国的物资运输航线在达达尼尔海峡被封锁了。于是丘吉尔建议，通过使用陆军、海军武力，强行打通通往黑海的航线。第一支舰队遭受惨重损失、大败而归后，费舍尔建议停止这项计划。但他无法说服丘吉尔，于是在 1915 年 5 月 15 日辞去第一海务大臣的职务，以示不满。

正如费舍尔所担心的那样，接下来几年的军事行动变成了一场灾难。在德国所支持的土耳其的鼓动下，加利波利半岛顽强抵抗英军，导致英国打通穿越黑海航线的计划失败。这次惨败迫使丘吉尔辞去海军大臣的职务，阿斯奎斯政府也因此垮台。这也成为费舍尔事业的终点。

1918 年 7 月，费舍尔的夫人弗朗西斯去世，他们两人于 1866 年结婚，育有一子二女。两年后的 1920 年 7 月 10 日，费舍尔也去世了。官方葬礼在伦敦的威斯敏斯特教堂举行。之后他的遗体被火化，骨灰被安放在诺福克郡属于费舍尔的吉尔弗斯通庄园里，就在他夫人的墓旁边。

Mit Genehmigung der Illustrirten Zeitung, Leipzig

Zum deutschen Seesieg am Skagerrak.
Rettung schiffbrüchiger engl. Mannschaften
durch Torpedoboote.

A 455
E.P. & Co. A.-G., L.
Felix
Schwormstät
9. VI 1916

赖因哈德·舍尔：
日德兰海战的司令

赖因哈德·舍尔是第一次世界大战中德国非常重要的海军上将。在 1916 年的日德兰海战中，他担任德国公海舰队指挥。这也是英德两国的皇家海军之间唯一一场大规模海战。

1863 年 9 月 30 日，赖因哈德·舍尔出生在现属于下萨克森州的奥伯恩基兴，父亲是牧师和小学校长。虽然未曾见过大海或者海船，但舍尔在读过一本讲述海军的画册之后，下决心要成为一名海军军官。15 岁时，舍尔以候补军官的身份加入德国皇家海军。1882 年，他晋升为海军少尉，1885 年升为中尉。

在接下来几年的海外服役期间，舍尔见证了德国殖民帝国的建立。尽管宰相奥托·冯·俾斯麦初期并不赞同，但从 19 世纪 80 年代中期起也开始推动在非洲、中国和太平洋地区建立所谓的"保护区"。夺取"阳光下的地盘"，这是后来的帝国首相伯恩哈德·冯·比洛对德国渴望跻身世界强国的精辟概括。但德国也为此付出了沉重的代价，无论是德国驻殖民地军队，还是皇家海军，都不断陷入和当地人的纷争中。1888 年 1 月，年轻的舍尔在今坦桑尼亚海岸线附近的达累斯萨拉姆城，参与攻打了一座带有军事防御的村庄。

回到德国后，舍尔被派遣从事新型鱼雷武器方面

在日德兰海战中，德国鱼雷艇还营救了遇难的英国人。很多这样的战地明信片用来纪念德国的胜利，但英国人也同样认为自己是胜者。

⛵ 赖因哈德·舍尔对德国公海舰队在日德兰海战中的成就持怀疑态度。作为对他战功的奖赏，威廉二世提议授予其贵族称号，但被他拒绝了。

的开拓工作。他在鱼雷专业学校进行深造，当了5年的鱼雷艇指挥官，然后被任命为第一支鱼雷艇舰队的指挥官。之后他在柏林帝国海军部的蒂尔皮茨上将手下工作多年，并于1904年作为中心部门主任参与海军扩建工作。这位年轻军官的非凡才华没过多久就被上级发现，于是舍尔很快就在海军中平步青云：1900年，他升任轻型护卫舰舰长，1904 年晋升为海军中校，1905 年获得海军上校头衔。1909 年，已经是海军少将的舍尔被任命为由大型战舰组成的公海舰队参谋长。1913 年，他晋升为海军中将。

一直到 20 世纪初，德国才跻身于海上强国之列。自 1898 年开始，执迷于海军发展的德皇威廉二世和负责战舰建造工程的蒂尔皮茨上将一起，致力于组建德国舰队。德国与当时的海上霸主英国之间展开了一场军备竞赛，这也是德国陷入外交孤立状态的主要原因之一。

当 1914 年 7 月第一次世界大战爆发时，舍尔负责指挥由旧型战列舰组成的第二舰队。在年底之前，他还担任了第三舰队的指挥。这支舰队集中了公海舰队中技术最先进、攻击力最强的战舰。

德国海军首脑的战略设想在很大程度上仍受到传统思路的影响。德皇和他的将领期望英国战舰在战争一开始就出现在德国海域，这样德国的公海舰队就能把英国舰队封锁在威廉港，然后通过鱼雷和水雷的进攻削弱英国舰队，从而为公海舰队与之决战创造有利条件。但是英国主力舰队司令、海军上将约翰·拉什沃思·杰利科爵士是一个十分谨慎的人，他在苏格兰北角斯卡帕湾的驻地按兵不动，以此威胁德国舰队。就这样，双方的舰队远距离僵持了近两年，在此期间没有发生任何值得一提的海战。

1916 年 1 月，公海舰队总司令胡戈·冯·波尔上将因身体原因不得不辞去职务，于是舍尔成为继任者，并于同年 4 月晋升为海军上将。和他的前任不同，舍尔倾向于主动进攻，而不是待在军港里守株待兔。几周后，同时也身为"最高统帅"、亲自参与指挥海军舰队的威廉二世，同意让舰队开往北大西洋的北海。

1916年5月31日，舍尔向公海舰队下令起航。凌晨2点左右，由弗朗茨·里特·冯·希佩尔上将指挥的侦查部门率先宣布起航，这列舰队由快速战列巡洋舰、巡洋舰和驱逐舰组成。舍尔直到凌晨4点才随着舰队主力离开威廉港，当战舰一离开亚德湾时，他就下令舰队向北航行。他想通过进攻协约国的航行路线，挑动英国舰队出海。但是英国人已经收到警示，一天之前他们就截获了德国的无线电报，因此清楚德国公海舰队来此挑衅的计划。当舍尔的舰队缓慢穿过亚德湾，向北大西洋航行时，杰利科上将和他的战舰就已经在海上严阵以待了。

但是双方舰队都不知道，敌方已经离开了各自的海港。杰利科舰队从海港出发时躲过了德国的侦查，而英国人却陷入了德国人设计的简单而有效的圈套。为了迷惑敌方，舍尔的旗舰"腓特烈大帝"号的无线电信号与陆地信号编码进行了交换，所以英国人始终以为德国的公海舰队还在威廉港。

当英国人向东南方向行进时，同样毫不知情的德国人正把战舰开往北方。巧合的是，1916年5月31日，这两支舰队最终在宽阔无垠的北大西洋北海海域相遇。大约14点15分，两艘德国鱼雷艇看到丹麦货船"N. J. 福约德"号，于是它们驶向这艘中立国的商船。与此同时，这艘商船蒸汽发动机冒出的黑烟也吸引了英方的巡洋舰"加勒提"号。当英国人靠近丹麦商船时，他们突然发现两艘同样在靠近的德国鱼雷艇，于是"加勒

提"号马上通过无线电向主力舰队发出警示，德国鱼雷艇也迅速联系公海舰队。

两支舰队马上改变了航线，驶向对方。整整两个半小时后，双方的侦查舰队在日德兰半岛以西约 120 公里的地方相遇。16 点 48 分，德方的战列舰打响了第一炮，而英方的战列舰在戴维·贝蒂中将的指挥下还在西面大概 15 公里的地方。由于阳光从背后照射，他们在海平线上非常明显，所以成为训练有素的德国炮手的最

⚓ 舍尔的对手约翰·拉什沃恩·杰利科上将在战争结束后担任新西兰总督。此外，英国国王乔治五世还赐予了他贵族头衔。

215

佳射击目标。

两个小时的交战给英方带来巨大损失。开战仅 20 分钟后，英方的战列巡洋舰"不倦"号在德方"冯·德·坦恩"号的排射炮轰击下被炸毁。但是德国人的损失也不小，战列巡洋舰"塞德利茨"号损坏严重，以至于不得不给部分船舱灌水，以防止翻船。没过多久，4 艘最先进的英国战舰加入海战。这些口径达 38 厘米的舰炮重挫了德国战舰，使得希佩尔上将陷入危险境地。但是德方最终控制了局势，并给英方以致命打击：17 点 15 分左右，英国战列巡洋舰"玛丽女王"号在德国"德夫林格"号和"塞德利茨"号的排射下爆炸，1266 名船员中只有 20 人生还。不仅在精准度上占有优势，德国战舰在速度方面也占有优势："德夫林格"号在 90 秒内进行了 5 次排射，最后一次击中了已经开始爆炸的"玛丽女王"号。尽管如此，这次战役

的发展局势对德方越发不利。当贝蒂下令他的驱逐舰使用鱼雷进攻时，希佩尔命令他的战舰向东转移，以躲避敌人。

之后不久，贝蒂中将得知，德国战舰主力正在向北航行，于是他马上命令手下的战舰改变航线。希佩尔则继续诱敌。18 点 14 分左右，贝蒂看到德军主力舰队。但不久后，他的几艘战舰由于信号错误进入了德军射程范围——猎人瞬间成了猎物。不过，贝蒂战舰的速度更快，因此没有被德方击中。与此同时，杰利科带着他的旗舰"铁公爵"号和另外 23 艘战舰、2 艘战列巡洋舰向德国公海舰队靠近。这时，希佩尔上将和一支由霍勒斯·胡德上将指挥的英国战列巡洋舰队正在开战。18 点 30 分左右，后者的旗舰"不败"号在数次被击中后爆炸，胡德上将和 1000 多名船员遇难，只有 3 人被德国鱼雷艇救起。希佩尔的旗舰"吕佐夫"号也失去了战斗

德国的装甲巡洋舰"德夫林格"号从侧面开炮。希佩尔的旗舰"吕佐夫"号受损而无法战斗后，"德夫林格"号临时担任战列巡洋舰的指挥舰。

能力。

　　紧接着，英国主力舰队的主力和德国公海舰队的主力相遇：24 艘现代化的英国战舰对阵德方的 16 艘战舰和 6 艘旧式战列舰。战斗一开始，舍尔就陷入被动局面。杰利科命令他手下的战舰进行 90 度转弯，从而得

戈尔希·福克——作家和水手

　　在日德兰海战中牺牲的德国将士中有一人叫约翰·基瑙，他的笔名广为人知——戈尔希·福克。1880 年 8 月 22 日，基瑙出生在位于汉堡附近芬肯维尔德的易北河岛上，他是家里 6 个孩子中的老大，父亲海因里希·威廉·基瑙是个渔夫。约翰·基瑙的弟弟们——鲁道夫和雅各布·基瑙也是小有名气的作家。

　　1895 年，中学毕业后的约翰·基瑙在不来梅附近的吉斯特蒙德小镇给叔叔奥古斯特·基瑙当学徒，并学习销售。1904 年，他迁往汉堡，并用笔名雅各布·霍尔斯特和吉尔吉·福阔发表了第一部用低地德语撰写的小说。1907 年，基瑙在汉堡一家美国邮递公司担任会计师，这家简称为 HAPAG 的海运公司也是当时世界上最大的航运公司。几年后，基瑙和罗莎·伊丽莎白·赖希结婚。

　　通过"戈尔希·福克"这个笔名，基瑙正式开始了他的写作生涯。在他的众多作品中，1913 年发表的小说《紧急航海！》直至今天仍脍炙人口。书中描述了他儿时在芬肯维尔德经历的贫苦渔民生活。

以横穿正在纵向航行的德国舰队。多亏了这种被称为
"横穿 T"的经典战略操作，英国舰队现在处于优势，
因为他们能更好地利用舰炮，而德方战舰只有少数几门
舰炮能从这个角度进行反击。

　　英方的炮弹威力巨大，因此舍尔别无选择，只得通

　　第一次世界大战爆发后，基瑙先是作为步兵在东部战
线服役。根据基瑙的个人意愿，他于 1915 年底被转到海
军。1916 年 5 月 31 日的日德兰
海战中，基瑙所在的小型巡洋舰
"威斯巴登"号被击中后失去操
作能力而沉船，基瑙牺牲。他的
尸体后来在瑞典靠近挪威的海
岸被发现。基瑙和其他在日德兰
海战中牺牲的英国、德国将士一
起，被安葬在斯坦斯霍尔门小岛
上。至今，约翰·基瑙仍被认为
是海上文学中举足轻重的德语
作家。1958 年建造的德国海军
帆船教学船，即三桅帆船"戈尔
希·福克"号就是以他的笔名命
名的。

1916 年的戈尔希·福克，摄于日德兰海战中丧生之前。

219

过所谓的"掉头交战"扭转舰队航向，以避免遭受英军炮击。在敌方炮轰下，这些纵向航行的战舰必须精确地按照固定顺序反向掉头前进。虽然很多海军并不推荐这项冒险的操作，但舍尔在训练公海舰队时经常使用。战舰一艘接着一艘转弯，很快整支舰队都离开了危险区。然而，杰利科的舰队马上又开始"横穿 T"的操作，于是舍尔下令第二次执行掉头，使得公海舰队再次及时获救。

舍尔很快意识到这样掉头转换航线是个错误的做法，但他还是下令第三次掉头。为了掩盖他的真实战略，舍尔让战列巡洋舰和鱼雷艇进行攻击。尽管战列巡洋舰已经遭受重创，但仍然尽全力地攻打敌人。"德夫林格"号遭受严重损坏。与此同时，鱼雷艇也发起了攻击。尽管没有一枚鱼雷击中目标，并且被英国人击沉了1艘鱼雷艇和另外6艘船只，但德方的进攻还是迫使杰利科的战舰掉转航向。如此一来，德方在被逼无奈之下采用的战术开始奏效，舍尔成功地让杰利科放弃进攻。20点左右，英德双方再次进行短时间交火，但杰利科最终决定停止战斗，因为他不想冒险在夜间作战。

双方相互失去联系后，两支舰队都向南航行。舍尔想结束战斗，并安全撤回到日德兰海岸的德国布雷区。杰利科却希望通过英军的快速航行拦截德军，以便第二天再战。

午夜过后不久，德国战舰撞上了杰利科的驱逐舰，也是英军大舰队的后卫之一，双方再次交火。在黑夜里，英国舰队不小心横穿了公海舰队的航线。两支舰队一直交战到第二天早上，英军和德军的巡洋舰、驱逐舰都遭受了巨大损失。英方的装甲巡洋舰"黑王子"号的爆炸成为这次战斗的高潮。

撤退时，舍尔下令将几艘损坏最严重的战舰沉船，以避免它们落入敌人手中。战列巡洋舰"吕佐夫"号也被自己的鱼雷炸毁，尽管还有27名船员被困在船舱里。6月1日清晨，舍尔的战舰经过霍恩斯岸礁附近位于叙尔特岛东北方向的丹麦的艾斯比约城，进入德国布雷区。现在，公海舰队安全了。

日德兰海战是海洋战争史上规模最大、最后一次武器装备全是大炮的大型战舰交战的海战，参战的战舰有200多艘。尽管双方都损失惨重，但相比之下，英方在战舰和人员方面的损失比德方更严重。6094名英国人在此战役中丧生，德方阵亡将士为2551人——包括作家戈尔希·福克，他的名字后来成为德国海军帆船教学船的名字，他所在的巡洋舰"威斯巴登"号被英军击沉。英德双方在战舰方面的损失同样悬殊：英国主力舰队一共损失了3艘战列巡洋舰、3艘装甲巡洋舰和8艘驱逐舰，而德国公海舰队只损失1艘战列巡洋舰、1艘旧式的战列舰、4艘小型驱逐舰和5艘鱼雷艇。这表明德军战舰的构造比英军的要更为坚固：3艘英国战列巡洋舰，每一艘都是在被击中5次后就爆炸了，但德方的战列巡洋舰在被击中更多次后仍然在战斗。英方战舰损失更惨重的另外一个原因在于德国炮弹质量更上乘，由于使用了滞后引爆技术，德国战舰发出的炮弹在到达英国战舰内部后才爆炸，但英国战舰的炮弹一发出就爆炸了。

日德兰海战后，德皇威廉二世打算授予舍尔贵族头衔，但被舍尔拒绝了。在德国皇家海军看来，日德兰海战是一次辉煌的胜利，并给德军带来了新的自信。毕竟德国皇家海军面对的是实力远胜于己的敌人，却让对方遭受更为严重的损失。但是这场胜利只是表面光鲜，德国的海战理念被证明是错误的。舍尔很清楚，公海舰队不可能战胜英国海军大舰队。从此以后，威廉二世也再

🚢 在日德兰海战中，双方共牺牲8600多人。日德兰海战因其空前的规模和伤亡而被载入史册。

舍不得让自己最心爱的"玩物"去冒险参战，以免它再
次遭受损伤。接下来的战争期间，德国战舰就平安地待
在港湾里。但是单调又无聊的服役、军官对下属恶劣的
态度，都削弱了海军船员的士气。英国主力舰队在海战
后也留在海港，因为英国海军部同样不想再次冒险。

直到今天，德国人和英国人还在为谁是日德兰海战

的胜利者争论不休。双方都有理由认为自己是获胜的一方——德国人认为对方遭受了更为严重的伤亡和损失；而英国人则指出，海战后的德国舰队再也无法参战。虽然德国肯定在战术上胜过英国，但更为重要的是，英国取得了整体战略方面的胜利，因为公海舰队作为攫取权力的工具在接下来的战争中没有起到任何作用，此外，英国之后的海上封锁切断了德国的重要能源补给路线。

从那时起，舍尔也认为，要想在海上战胜英国，关键不在于一场大型海战的胜利，而是要能够取得对敌方战舰发动突然进攻的无限制潜艇战的胜利。事实上，德国皇家海军的确于 1917 年 2 月开始实行无限制潜艇战，但效果并不显著。当美国战舰几次受到德国潜水艇袭击后，美国于 1917 年 4 月 6 日向德国宣战。这使德国的战败成为定局。

1918 年 8 月，当四分五裂的德国海军首脑部门被重新调整后，舍尔被任命为海战部和海军参谋部主席，即海军总司令。鉴于军事上毫无希望可言的局势，他已经很难改变战事发展。在没有充分了解政局状态的情况下，舍尔仍然计划让公海舰队再次出海，如他自己所述：目的是挽救"海军的荣誉"。但由于公海舰队的水兵和伙夫们无意在战败之前还进行最后的毫无意义的军事行动，他们拒绝执行海军上将的出海命令。舍尔只得下令镇压威廉港的叛变，但是徒劳无功，而且这场叛变很快就蔓延到其他海军驻地，包括基尔港。基尔水兵起义成为 1918 年"十一月革命"的导火线，最终导致德意志帝国的瓦解——11 月 9 日，菲利浦·谢德曼在柏林宣告魏玛共和国成立。5 天后，海军上将舍尔离职，这是他事业的终点。

离开岗位后的舍尔定居魏玛。1920 年，他在这里经历了沉重打击：1899 年就和他结婚的夫人艾米莉以及他们 18 岁的女儿在抢劫案中被歹徒杀害。1928 年，舍尔收到自 1925 年起成为第一代杰利科伯爵的约翰·拉什沃恩·杰利科上将的邀请，这位日德兰海战中的老对手邀请他去英国做客。但舍尔在出发前于 1928 年 11 月 26 日去世。他被安葬在魏玛，墓碑至今未动。碑石上除了刻有他的名字和生平，就只有一个词"斯卡格拉克"，这是口德兰海战的发生地——位于日德兰半岛和挪威之间的海峡。

约翰·托维:
击沉"俾斯麦"号的人

战斗结束了,正在燃烧的德国战舰"俾斯麦"号随着水流沉入大西洋。这时,英国本土舰队司令约翰·托维上将向海军部表示:"请允许我向这些在战场上面对强敌表现如此英勇的德军,致以我最崇高的敬意。"来自伦敦的回答并不意外:"尽管我们也非常钦佩他们在战场上的英勇表现,但出于政治方面的考虑,您这样的情绪绝对不可出现在公众场合。"在这场可怕的战争中,表达自己对敌方"俾斯麦"号上的船员的崇高敬意,正是这位海军将领的典型作风。除了幽默的性格和坚定的基督教信仰,他还有独立思考的精神。所以每当他认为自己有理时,会毫无畏惧地向上级提出异议。

1885年3月7日,约翰·托维出生在英国肯特郡的罗切斯特。父亲是中校汉密尔顿·托维,母亲是玛丽亚·伊丽莎白·古德休。由于父亲的职业需要,父母很长时间都生活在海外,于是,喜欢别人叫他"杰克"的托维在英国南部的兰顿·马特拉弗斯小镇的杜恩福德寄宿学校中度过了自己的少年时代。显然,托维在这里生活得很愉快,他还是个出色的运动员;校长托马斯·佩拉特对待他如父如友。

1900年1月,15岁未满时,托维作为候补军官进入达特茅斯的英国皇家海军学院。1901年6月,提前

海军上将约翰·托维(左)在英国战列舰"威尔士亲王"号的甲板上和该舰指挥官约翰·利奇(右)聊天。照片摄于1941年。

毕业的托维作为海军中士开始在海峡舰队的战列舰"庄严"号上服役。1年后，他被调到巡洋舰"阿里阿德涅"号，这是美洲和西印度舰队的旗舰。在这最初的服役阶段，上级对托维的评价基本是积极的，但也不乏批评之语。早在青年时期，托维固执的性格就非常明显。有一次，当他作为一名年轻的当值军官监督小艇演习时，一位上级在演习结束前就开始向小艇发号施令。面对这样的干预，托维二话没说，当即脱下当值军官佩戴的象征物白色手套和军刀，径直走下甲板，以示抗议。

1904年，托维晋升为海军少尉。经过航海和武器方面的深造和培训，他开始在海峡舰队的旗舰"埃克斯茅斯"号上服役。1906年，他晋升为海军中尉。

从1913年开始，托维担任巡洋舰"安菲翁"号的第一长官。1914年7月15日，第一次世界大战爆发的前几天，托维升任海军上尉。仅仅三周后的1914年8月6日，"安菲翁"号因误入雷区而被炸沉，这是英国皇家海军在第一次世界大战中损失的第一艘战舰。1915年1月，托维担任驱逐舰"杰卡尔"号的指挥官。在他的指挥下，"杰卡尔"号和其他战舰一起参与了1915年1月24日的多格滩海战，给德方以沉重一击。

1916年5月，托维接管驱逐舰"翁斯洛"号。1916年5月31日的日德兰海战，是史上规模最大的海战，托维在战争中因勇敢和好战而出名。虽然"翁斯洛"号在向已经失去战斗力的德国巡洋舰"威斯巴登"号发起一次鱼雷艇进攻时受到重创，但托维仍坚决向德军发射了最后一枚鱼雷。和"威斯巴登"号一同牺牲的还有德国作家约翰·基瑙，即广为人知的戈尔希·福克。由于受损过于严重，"翁斯洛"号被同样遭到攻击的驱逐舰"保卫者"号拖入安全地带。官方报道中写道，托维"在攻击敌船时表现得顽强而坚定"。因为在各个战报中被提及，他升任战舰舰长。为了表彰他的勇敢，1919年，政府还向他补发了杰出服务勋章。在这场海战之前的几天，托维刚和艾达·罗韦结婚。

　　1923年，托维晋升为海军上校，并担任一支驱逐舰舰队的指挥。在他人眼中，托维是个严格但很关心下级的领导。经过在不同领域的培训，包括在海军部第二海务大臣手下服役，托维于1932年第一次获得属于本土舰队的战列舰"罗德尼"号这样的大型战舰的指挥权，他成功地将自己的部下组建成了一支积极而高效

🚢 "俾斯麦"号是德国海军在第二次世界大战中的骄傲。在它击沉"胡德"号后，英国皇家海军不惜一切代价，要摧毁这艘德国战舰。

的队伍。这并非易事，因为这些人中的大部分刚刚参与了"因弗戈登兵变"，当时英国政府宣布减薪10%以安全渡过世界经济危机。几年间，作为战舰及其士兵的领导，托维的优秀品质越发突出。但他固执的性格也多次使他极其坚持自己的立场，甚至公然反对上级。本土舰队司令约翰·凯利上将曾这样评价他："托维上校和我有着相同的性格。但我属于坚持不懈地朝着目标努力，而托维则是该死的顽固。"然而他补充道："但是这个性格从未影响他对我的忠诚。"1935年8月，托维晋升为海军少将。经过在海军军事学院学习，并作为皇家海军副官服役后，托维于1938年初被任命为地中海驱逐舰舰队的司令。

由于第二次世界大战爆发初期地中海没有战役，大部分驻扎在那里的舰队都被调遣，所以自1939年5月升为海军中将的托维手下有时只有5艘陈旧的驱逐舰。但自1940年6月意大利参战后，情况有了很大变化。托维成为轻型舰队司令、地中海舰队总司令和安德鲁·坎宁安上将的代理司令，除了管理驱逐舰，还管理轻型巡洋舰。在几场和意大利海军的较量中，托维表现突出，比如1940年7月9日的卡拉布里亚海战，这是意大利和英国海军之间第一次大规模交锋，几天后他击沉了意大利潜水艇"巴托洛梅奥·可莱奥尼"。

1940年11月，已是海军上将的托维担任本土舰队司令，任务是保护在英国海域驻停的英国舰队。因为托维坚持他的旗舰要在海上，而非从陆地总部发号施令，他多次和第一海务大臣、海军元帅达德利·庞德，以及首相温斯顿·丘吉尔产生激烈冲突。不过，托维仍然在这个极其重要的职位上完成了两年半的正常任期。法国投降后，英国独自对抗德国，他最重要的任务就是阻止德国入侵英国。当 1940 年底德军登陆英格兰岛屿的危险被解除后，托维把工作重点放到保护那些在大西洋上航行、对英国至关重要的商船队上。

在此期间，追捕"俾斯麦"号成为本土舰队在第二次世界大战中的最大考验。德国海战策略的一个主要目的是破坏英国在大西洋上的攻击路线。除了潜水艇，德国还在商船航路上投入了战列舰和重型巡洋舰。这些重型战舰的投入还有其战术方面的用意，因为如此一来，英国不得不同样投入大量战舰来护航。1941 年初，一次代号为"柏林"的由"沙恩霍斯特"号和"格奈森瑙"号两艘战列舰成功完成的针对英国商船的军事行动，似乎肯定了德国的海战策略，即投入重型水上战舰破坏英国的海上补给线是有效的。于是，德方很快就准备新的行动：1941 年 5 月 18 日，新的战列舰"俾斯麦"号和重型巡洋舰"欧根亲王"号在冈瑟·吕特琴斯上将的指挥下，从哥腾哈芬，即今天的波兰北部格丁尼亚向大西洋开进，执行"莱茵演习"。原本"沙恩霍斯特"号和"格奈森瑙"号也应该加入这项行动，但这两艘战舰还没准备好。

"俾斯麦"号和"欧根亲王"号离开波罗的海后不久，英方就截获了这两艘德舰离港的信息。于是，托维上将派兰斯洛特·霍兰中将带领战列巡洋舰"胡德"号——当时世界上最大的战舰，也是英国皇家海军的骄傲——和新型的、还在试用期的战列舰"威尔士亲王"号出海。托维的任务是在德国军舰在广阔的大西洋海域失踪之前将它们截获。

　　5月22日早上，托维得到消息，两艘德国战舰已离开挪威港口卑尔根。于是他下令自己的旗舰"乔治五世国王"号，以及本土舰队中其余的战舰起航向北进发。此时，正在格陵兰岛和冰岛之间的丹麦海峡巡逻的巡洋舰"萨福克"号和"诺福克"号也发现了德国战舰。

　　1941年5月24日早上，当"俾斯麦"号和"欧根亲王"号在丹麦海峡遇到"胡德"号和"威尔士亲王"号时，开始了一场只持续了6分

⚓ 英国战列巡洋舰"胡德"号在交战后仅仅6分钟内就被"俾斯麦"号和"欧根亲王"号击沉。

钟的海战。几次排射后，德国战列舰击中了"胡德"号位于船后方的火药库，总共 1419 名船员中，只有 3 人在这场威力极大的爆炸中生还。"威尔士亲王"号马上掉头撤离。此时的托维和他的舰队在 500 多公里以外的地方，因此无法及时干预指挥。

"俾斯麦"号在海战中也被击中，导致它的速度减慢。尽管如此，吕特琴斯上将仍决定继续这次军事行动，他下令"欧根亲王"号接下来自主进攻英国商船，他自己带领"俾斯麦"号绕过英格兰岛，开往被德军占领的法国。

"胡德"号被击沉的消息在英国朝野引起震动。英国首相丘吉尔发出"击沉俾斯麦！"的号令，为了达到这个目的，英国海军部马上集结了所有可支配的战舰。这很可能是史上规模最大的一场海上猎捕行动，其总指挥由海军上将托维担任。当本土舰队在北部海域搜寻德国战舰时，另外一支驻扎在直布罗陀海峡、同样实力强大的英国 H 舰队由詹姆斯·萨默维尔中将指挥作战，其任务是阻断"俾斯麦"号向南逃离的退路。一开始，"俾斯麦"号总能成功摆脱追捕它的英国战舰。但后来，海军上将吕特琴斯犯了一个致命的错误：5 月 25 日上午，他两次命人发出篇幅较长的无线电报，由此暴露了自己的行踪。

几天后，"俾斯麦"号被一架英国水上飞机发现，于是英国各舰队马上向发现德舰的地点进发：H 舰队从南北上，同时本土舰队各只主力舰从北向南靠近。鉴于"俾斯麦"号的巨大优势，它仍旧有可能逃离身前身后的猎手。而此时，H 舰队距离太远无法发动进攻；托维的战舰已经快没有燃油了。这时唯一的机会就是通过空军发起进攻，从而减缓德国战舰行进的速度。

5月26日晚上，H舰队航空母舰"皇家方舟"号派出的"剑鱼"型号鱼雷战斗机向"俾斯麦"号发起了进攻，并破坏了它的舵，导致这个庞然大物几乎无法动弹。至此，"俾斯麦"号的命运已走向终结。

5月26日的夜里，这艘德国战列舰被英国战舰围攻，但仍进行顽强抵抗。5月27日上午，"俾斯麦"号在法国西部城市布雷斯特以西的地方对阵托维上将指挥的占有压倒性优势的英国舰队，其中包括战列舰"罗德尼"号和"乔治五世国王"号、重型巡洋舰"诺福克"号和"多塞特郡"号。8点45分左右，两艘英国战列舰首先近距离开火。1小时内，这艘德国海军的骄傲只剩下一堆还在燃烧的残骸。10点40分左右，这艘强大的战列舰缓缓向一边倾斜，然后开始下沉。船上的2000多名船员只有116人生还，吕特琴斯上将、舰长海军上校恩斯特·林德曼全部阵亡。重型巡洋舰"欧根亲王"号的命运和"俾斯麦"号截然不同，它成功逃脱，并于1941年6月1日安全到达布雷斯特港。

纳粹政府把这次"莱茵演习"的灾难性结果宣传为英雄式的牺牲："下沉的旗帜还在飘扬。"事实上，"俾斯麦"号被击沉标志着商贸战中使用重型水上战舰的终结，以及德国海军主动进攻策略的失败。

对于托维来说，击沉"俾斯麦"号是他职业生涯中最重要的时刻之一。尽管英国物资运输的威胁解除让他如释重负，但他在官方战役报告中并不曾忘记表达自己对敌方阵亡将士的尊敬："'俾斯麦'号在面对军事实力远胜于己的敌军时表现得极为勇敢，发扬了传统的德意志皇家海军精神。"

之后，托维上将获得大英帝国爵级司令勋章，他晋升为骑士贵族，从此被称为约翰·托维爵士。海军领导层鉴于巡洋舰"萨福克"号和"诺福克"号的指挥官海军中将弗雷德里克·韦克-沃克以及"威尔士亲王"号的指挥官约翰·利奇在"胡德"号被击沉后的表现，决定向军事法庭起诉这两位军官。这时，托维毫不犹豫地为自己的两位手下辩护。他解释道，两人的表现都是合理的，并且倘若真的要上法庭，他就辞去司令职位。于是事情就这样结束了，海军部最终没有起诉。

作为本土舰队的司令，托维也负责北极商船护卫队的工作。这支船队在 1941 年 6 月德国入侵苏联后负责向苏联运送物资。托维反对这支船队在夏季出海，他认为北极夏季的极昼和缺乏有效的航空保护等因素，使得任务太冒险。1942 年 6 月，PQ-17 护航运输队的全军覆没最终证明了托维的先见之明。船队为了躲避德国战列舰"蒂尔皮茨"号而自行扩散，于是单独行动的并未受保护的战舰成了德国战斗机和潜水艇最易攻击的目标。在总计 34 艘战舰中，只有 11 艘到达苏联摩尔曼斯克港。这次灾难过后，开往苏联的航运被取消了两个月，直到这年 9 月才恢复运行。

1943 年 6 月，托维接任岬角海军站的上将司令职务。这也是个有挑战的职位，因为其任务不仅是组织英国东部海岸的商船护卫队，还要为盟军在西西里岛和诺曼底登陆做准备。这年 10 月，托维晋升为皇家海军元帅。此外，他在 1945 年 1 月还被授予最高皇家海军副官的名誉头衔。

1946 年，已服役 45 年的约翰·托维爵士退休。不久后他被封为兰顿·马特拉弗斯男爵，这个头衔名称成了他和曾经就读的学校之间一辈子的联系。尽管托维所获荣耀无数，但他仍然很谦虚。退休后，托维勋爵曾在不少组织里任职。但由于其夫人健康状况不佳，他最

1941 年 5 月 27 日，由于被鱼雷击中而无法动弹的"俾斯麦"号在北大西洋沉没。

终辞去了所有职务。1971 年 1 月 12 日，在其夫人去世
仅仅几个月后，托维在马德拉岛也随她而去，享年 86
岁。由于二人没有子嗣，托维的贵族头衔随着他的去世
而终结。

威廉·卡纳里斯：
忠诚与叛变之间

没有站在自己旗舰的指挥台上，而是身处错综复杂的情报局，威廉·卡纳里斯输掉了自己最重要的一场战役。

由于涉嫌参与军事叛变，在第二次世界大战即将结束时，卡纳里斯在弗洛森比格集中营被处以死刑。在此之前，他作为国防军司令部外交和情报部门主任，在纳粹政府的情报部门工作多年。

平民出身的卡纳里斯早在帝制时期就开始了自己的军旅生涯。1887年1月1日，他作为实业家卡尔·卡纳里斯和夫人奥古斯特（婚前姓氏波普）的长子，出生于威斯特法伦地区的阿普勒贝克。他的家族来自意大利，尽管他的预备军官父亲期望自己的长子参加骑兵队，但年轻的卡纳里斯却中意皇家海军。1904年父亲去世后，中学毕业的卡纳里斯作为候补军官加入了德国皇家海军。

在威廉二世统治时期的德国社会，海军军官享有很高的声誉。然而，参加海军培训的成本相当高，要想让自己的儿子成为一名军官，父母需要在经济上给予支持。这项为期好几年的培训一共耗费了卡纳里斯的母亲9000马克，这大概是当时一个工人家庭年收入的7倍。只有这样，才可以确保来自贵族或者中产阶级的候选者成为军官。而一直到被提升为海军中校后，一个军官才能获得能

在成为国防军司令部外交和情报部门主任之前，威廉·卡纳里斯经历了和其他候补军官一样的海军服役过程。这张照片上的卡纳里斯已是海军少校，摄于1925年。

够维持生活所需的军饷。

很快，卡纳里斯的教官就发现，这个平时沉默寡言的小伙子不但在技术上颇有天赋，还非常勤奋。已经是少尉的卡纳里斯加入了小型巡洋舰"不来梅"号，并参与中南美洲的航海行动。之后他在鱼雷艇服役，1912年起加入了驻扎在西印度群岛的小型巡洋舰"德累斯顿"号。1913年底，为了保护在墨西哥内战中的德国公民，"德累斯顿"号被派往中美洲，但是执行任务期间不巧在那里遇上第一次世界大战爆发，向盟军商船发起劫夺海战的计划因缺乏燃煤而无法执行。但即便如此，"德累斯顿"号还是得以绕过合恩角向太平洋进发，并于1914年10月在智利的复活节岛加入东亚巡洋舰队。日本加入同盟国阵营后，这支舰队在海军中将马克西米利安·冯·施佩的指挥下开往南美洲。为了保护德国在远东的殖民地，德国皇家海军

英国巡洋舰"格拉斯哥"号向德国小型巡洋舰"德累斯顿"号开火。后者在马尔维纳斯群岛海战后撤回中立国智利的海域。鉴于危急的局势，"德累斯顿"号的指挥官决定自行沉船。当时在这艘战舰上服役的就有威廉·卡纳里斯。

从 1898 年开始驻扎在中国的青岛。施佩伯爵清楚，自己的舰队无法在太平洋立足，因为这里的对手实力太强。于是他想绕过合恩角向大西洋进发，看是否能有运气安全回到德国。

1914 年 11 月，德国舰队在智利海岸的科罗内尔角遇到一支由克里斯托弗·克拉多克爵士指挥的英国中型舰队。在接下来的几个小时内，德国战舰击沉了两艘英国战舰，其中就包括克拉多克的旗舰，其余的英国战舰被迫撤离。但是战事在 1 个月后发生转变，上次海战取胜后，德国东亚舰队取道合恩角，打算回德国，但在 12 月 8 日途经马尔维纳斯群岛时，他们遇到兵力远胜于己的海军中将弗雷德里克·多夫顿·斯特迪指挥的英国舰队。施佩伯爵及其两个儿子，还有 2000 名德国海军将士在此牺牲。

只有"德累斯顿"号得以逃过这场厄运，成功回到太平洋。但在 1915 年 3 月，这艘无依无靠的德国战舰在中立国智利的马斯阿富埃拉岛海港，不幸遇上了几艘英国巡洋舰，"德累斯顿"号的指挥官吕德克上校派遣卡纳里斯中尉前往英军战舰上进行和谈。但英国人已经下定决心要把德国战舰置于死地，就算侵犯中立国智利的权利也无所谓。鉴于如此无望的形势，"德累斯顿"号的指挥官决定自行沉船，船上所有人员在智利被拘留。

在指挥官的同意下，卡纳里斯冒险逃跑。为了脱险，他带着智利的假护照，装扮成农民，随着中立国荷兰的一艘蒸汽船经过太平洋回到了德国。这次经历让人们见识到这位年轻军官的特殊才华。晋升为海军上尉后，卡纳里斯于 1916 年被派往西班牙执行一项秘密任务：向秘密进入中立国西班牙海域的德国潜水艇提供物资，同时建立谍网以收集协约国海军的情报。这是这位日后的国防军军事情报局局长第一次接触秘密情报世界。应他自己的意愿，卡纳里斯于1917年再次奔赴前线，并作为潜水艇指挥官被派往地中海。经过一系列不俗的潜水战绩，沉默寡言且内向的卡纳里斯成为德国潜水艇武器方面的精英。

1918年11月，德军溃败。这对于卡纳里斯，以及他身边很多坚决支持君主制的军官来说，无疑是个晴天霹雳。"十一月革命"期间，他作为联络员帮助当地居民顽强抵抗。1919年，他因涉嫌参与谋杀罗莎·卢森堡和卡尔·李卜克内西而被捕。尽管卡纳里斯并不接受魏玛共和国，但他出狱后就加入了社会民主党国防部长古斯塔夫·诺斯克的私人参谋团队。同年，他和实业家之女埃里卡·瓦格结婚。1920年，他任职于已经大大缩减规模的海军部。

尽管卡纳里斯在海军部任职，但他仍旧参与了反对魏玛共和国的行动。1920年3月，他支持东普鲁士地区行政长官沃尔夫冈·卡普发起政变。保守派的共和国反对者和瓦尔特·冯·吕特维茨领导下的国防军中的不满派，企图通过武装暴力抢夺政权。但仅仅4天后叛变者就不得不放弃行动，卡普政变在总罢工中惨淡收场。卡纳里斯和其他参与政变的人一起被捕，但很快他又被释放了。这次参与卡普政变对他日后的事业并未留下消极影响：从1920年7月开始，他在波罗的海舰队担任上将参谋；1923年，他成为巡洋舰"柏林"号的第一长官。就是在"柏林"号上，卡纳里斯第一次遇到莱因哈德·海德里希，此人12年后和卡纳里斯再次在"柏林"号上相遇。1931年，海德里希因为"失敬"而受到名誉法庭的制裁，并被海军解雇，随后他加入了纳粹党卫队。

在接下来的几年里，卡纳里斯沿着德国海军的晋升阶梯一步一步向上爬。1924—1928 年，已经身为海军部部门主任的卡纳里斯负责应对《凡尔赛条约》的裁军项目。随后他被任命为战列舰"西里西亚"号的第一长官，不久之后又晋升为战舰舰长、德国北海海军基地参谋部部长。1932 年，他晋升为海军上校和"西里西亚"号的指挥官。1934 年，他被派遣到波兰的希维诺乌伊希切担任堡垒司令，这其实是一个典型的"离别职位"，目的就是让他在退休之前光荣地结束这平凡的职业生涯。

尽管获得了"勇敢而谨慎"这样难得的好评，但卡纳里斯到此为止的事业发展并不引人注目。因此，他后来晋升为海军少将，以及被任命为国防军军事情报局局长，就更加令人惊讶。

卡纳里斯能够担任如此重要的职位，不仅出于他清醒的理智，还由于他在初期对纳粹政府的好感。除了反间谍活动，他的任务还包括获取海外情报。卡纳里斯精通英语、法语、俄语和西班牙语，这样的职位简直就像是为卡纳里斯这样颇有语言天赋的海军将领量身定制的一样。和陆军同事相比，像他这样的海军将领拥有更丰富的海外经历。作为情报局局长，卡纳里斯接到的第一个任务就是为西班牙内战期间的佛朗哥将军提供德方援助，由此他的语言能力及之前在西班牙时打好的人际关系就派上了用场。1936 年，西班牙开始了苏联支持的人民阵线共和派政府与受到希特勒、墨索里尼军事和政治支持的佛朗哥将军之间的血腥内战。

在很长时间里，卡纳里斯都被认为是希特勒的追随者。和很多其他军官一样，卡纳里斯曾在 1933 年欢迎纳粹掌权，并且通过讲座让自己手下的占领军熟悉纳粹思想意识。但是作为情报局局长，并且从 1938 年起担任国防军最高统帅部的国防公共事务局局长，卡纳里斯很快就有机会窥探到纳粹政府的真实内幕。同时，他还获知希特勒正在准备发动战争。这两件事使卡纳里斯原先对纳粹的好感马上就烟消云散了。

1938 年，卡纳里斯对希特勒的热情再次遭受重创。1937 年 11 月初，当战争计划首次在内部公开时，国防军司令弗里奇和陆军司令布隆贝格同时在军事和政治方面大胆地提出反对。结果两人在几周内就被撤职了：布隆贝格被撤职的理由是查出他妻子曾当过妓女；弗里奇则被指责曾和同性恋交往。但人证、物证都是由莱因哈德·海德里希一手提供的。虽然卡纳里斯和这些人没有私人关系，但他是少数几个支持弗里奇的人之一，并且帮助弗里奇证明指控是错误的。这一系列经历加上他原本就对发动战争心存质疑，使卡纳里斯开始联络反对希特勒的军事力量。他命人收集反对盖世太保（国家秘密警察）的资料上传给国防军领导，并向好几个反战组织提供掌权阶层计划的政变信息。同时，卡纳里斯还袒护他的同事汉斯·奥斯特中校的行为，奥斯特是军中反对希特勒的领头人物之一。卡纳里斯还试图阻止纳粹政府的战争计划，但徒劳无功。当战争爆发时，有人看到他含着泪说："这就是德国的末日。"

在军事情报局内部，卡纳里斯的作风几乎是独裁专横的。大多数的领导职位都由他的熟人或者年龄较大的军官担任，他们和卡纳里斯一样来自以前的德国皇家陆军或者海军。这些人对待自己的上级都是极其忠诚的。除了卡纳里斯在情报工作方面无可争议的成就，这样的私人关系也肯定是他身为情报局局长能如此长时间从事地下活动的原因之一。此外，在他的成功领导下，纳粹权力体系中的情报局在很长时间内都是不受外部干预的庇护所。虽然他和其他部门还有局部的合作，比如希姆莱的帝国中央保安总局，或者党卫队保安处的海外情报部门，但每个部门的责任范围从来没有划清界限。卡纳里斯特殊的职位使他长期不受莱因哈德·海德里希的干预，他和海德里希的关系既矛盾又奇怪。一方面，两家人住得很近，所以定期相互拜访，卡纳里斯的夫人埃里卡还经常和海德里希的夫人一起奏乐。另一方面，两个男人在工作上相互怀疑，两人都在尽力收集材料，以便在必要时可能派上用场，击垮对方。但这并没有影响卡纳里斯和海德里希在柏林动物园里一起骑马。对于这位情报局局长来说，和海德里希的竞争不仅是为了满足他个人的虚荣心，也是他在政治上尤其是道德上要完成的任务。通过参观萨克森豪森集中营，卡纳里斯目睹了纳粹分子非人的残忍行为。1937 年秋天，他就曾对前任长官帕齐希说过，所有纳粹分子，无论官阶，全是毁灭德国的罪人。被问到为什么他自己还坚守岗位时，卡纳里斯回答："这是我的命。如果我离开了，海德里希就会乘虚而入，那就彻底输了。我必须做出牺牲。"

由于有一定的权力地位作为后盾，卡纳里斯得以毫无畏惧地公然反对党卫队在波兰和苏联的罪行。不仅如此，他还破坏了希特勒企图让西班牙独裁者佛朗哥为德国而参战的计划。此外，卡纳里斯还亲自帮助那些受到纳粹迫害的人，比如他成功地通过在清单表面做文章掩护犹太人，让他们免遭迫害。

1941 年 7 月，德国入侵苏联后不久，卡纳里斯来到东部战线。他再次公开指出，德军对待俄国战俘的方式违反了国际公约。他在苏联得知了一场大屠杀，5000 名犹太人被杀害，并且国防军的人也参与了这个计划。从那时起，卡纳里斯和几位同事就开始收集关于纳粹分子对战俘和犹太人实施罪行的目击者的证词。在东普鲁士小城拉斯腾堡附近的元首总部"狼穴"里，卡纳里斯在希特勒面前宣读了这些证词。但这位独裁者冰冷地回答："您恐怕想变得软弱。但我必须这样做。除了我，没人能做到。"

卡纳里斯更为突出的成就体现在他亲自冒险救助被纳粹迫害的人。他不仅帮助一位波兰武官的夫人哈琳娜·希曼斯卡逃离柏林，还在幕后指挥了另外一次救援行动。参与这次行动的还有卡纳里斯的同事汉斯·冯·多纳尼和神学学者迪特里希·邦赫费尔。1941 年秋，卡纳里斯决定将一个由 12～15 人组成的犹太人团体假扮为国防军的工作人员送到瑞士。他和邦赫费尔以及其他几人想把这些朋友及其家人带入安全地带。由于这次行动最初只包含 7 个人，所以被命名为"第七行动"。整个过程十分复杂，离开德国边境变得困难，因为总是有人因奸人使坏而不得不从流放名单上被画去；而且进入瑞士也并非易事，因为那里不再接收犹太人了。直到 1942 年夏天，这次救援行动才得以圆满结束。

"反对希特勒、为了德国"的两面派戏法，只有当所有参与行动的人，以及行动中所有需要打交道的人都在反间谍部门内部时，才能侥幸成功。事实上，他成功地把 1938 年 3 月建立的名为"外交和情报部门"的小规模部门，发展成为一个颇有成就的情报部门。为了表彰他在反

海军舰队和纳粹政权

　　第二次世界大战初期，德国海军舰队在埃里希·雷德尔元帅的领导下——至少在表面上——和纳粹政权保持着一定距离。但是从1943年起，新任司令卡尔·邓尼茨元帅上任后，海军逐步受到纳粹意识形态的影响，在参与纳粹的罪行中越陷越深。在建造潜水艇及仓库时，海军使用了强制劳工。1944年底，位于北弗里斯兰的拉德伦德集中营看守将士中就有一部分来自海军。不少海军将士也直接参与战斗，因为他们坚信自己是在保卫家园，或者尽管知道纳粹分子的斑斑劣迹，但不得不履行誓言。

　　在海军将士中，既有纳粹的追随者，也有反对者。但反对者中很多人为此付出了生命的代价，海军中尉奥斯卡·库施就是其中一个。这位颇有功绩的潜水艇指挥官于1943年底被自己手下的第一警卫官告发，起因是库施对希特勒的评语中有不赞同的成分。于是库施被军事法庭判处死刑，并于1944年5月12日在基尔执行。

　　直到最后一刻，海军都服从希特勒的命令。发生在1918年的革命绝不容许重演，所以德国海军非常看重合适的领导人。同时，原则和规章制度也必须不折不扣地执行。海军的司法机构毫不留情地对"逃跑"和"破坏军事行动"的罪行采取制裁。和其他的国防军司法机构一样，很多相对较轻的罪行也会被判以重刑。战争的失败结局越是明朗，判刑就越是严厉和无情。在第二次世界大战期间，有好几千名海军将士受到刑罚。

　　⛵ 海军也向纳粹政府宣誓效忠，比如这张照片上在基尔海港东岸的拉博埃举行的海军烈士纪念碑立碑仪式，希特勒和海军元帅埃里希·雷德尔站在最前排。如今，为了纪念所有在海上牺牲的各国将士，这座海军烈士纪念碑成为国际纪念馆。

党卫队保安处主任莱因哈德·海德里希（中）和卡纳里斯之间保持着微妙的关系。两人私底下相处融洽，工作上相互监视。在这张照片上还可以看到沃尔特·舍伦伯格（左二），他于1944年逮捕了卡纳里斯。

间谍方面的突出成就，卡纳里斯于1940年1月1日晋升为海军上将。他把自己作为幕后叛变者的身份隐藏得如此之深，以至于到了1944年秋，帝国中央保安总局内部仍旧无法确定这位情报部门的主任到底站在哪一边。卡纳里斯本人恐怕也不能确定自己到底站在哪一边：他在忠诚与良知之间徘徊，在义务和阴谋之间摇摆，一直备受煎熬。

　　战争持续时间越久，德国的战事失误就越多。比如1942年11月盟军在北非登陆，这样的军事行动竟然没有及时被察觉。1943年，自1941年起就担任卡纳里斯参谋长的汉斯·奥斯特，因其同事汉斯·冯·多纳尼被捕，而涉嫌参与反叛活动。就连卡纳里斯也从这时开始受到监视，至此为止他的稳固地位开始动摇。直到德国间谍投降英国后，军事情报部门于1944年2月被并入帝国中央保安总局，卡纳里斯的职权最终被架空。

　　1944 年 7 月 20 日，刺杀希特勒行动失败后的第三天，卡纳里斯上将被捕。其实他本人并不赞同施陶芬贝格中校刺杀希特勒的行动，并且多次公开表示，赞成逮捕而非刺杀希特勒。但通过反叛者亲属所找到的信息对卡纳里斯非常不利。尽管并没有卡纳里斯直接参与施陶芬贝格的刺杀行动的证据，但他还是被捕了。希特勒的仇恨丝毫没有商量的余地：就在美军到达之前，卡纳里斯在弗洛森比格的一个党卫队军事法庭上匆忙被判处死刑。他和汉斯·奥斯特、基督教神学学者迪特里希·邦赫费尔一起，于 1945 年 4 月 9 日被处死。尸体被火化，骨灰随意散落。

　　威廉·卡纳里斯曾服务于三个国家政体：德意志帝国、魏玛共和国和纳粹政府。他参与了两次世界大战，并晋升为上将。为了反对希特勒的统治，他经常藏于暗处参与对抗活动，直到被判处死刑。然而，人们对他的评价很难统一。直至今日，这个矛盾的人仍旧充满了神秘感。

图为位于柏林蒂尔皮茨河岸的国防军司令部外交和情报部门。卡纳里斯曾经的办公室就在这里。

大事纪年表

古典时期

前 750—前 550 年	古希腊殖民时期
约前 524—前 460 年	地米斯托克利
前 500—前 494 年	伊奥尼亚起义反抗波斯人
前 499—前 449 年	希波战争
前 480 年	萨拉米斯战役：地米斯托克利带领希腊人战胜波斯
前 479 年	波斯人在普拉提亚失利
前 478 或前 477 年	提洛同盟成立，由此雅典跃升为希腊海上领导势力
前 431—前 404 年	伯罗奔尼撒战争
约前 350 年	希腊商人皮西亚斯航海至北欧
前 336—前 323 年	亚历山大大帝时代
前 330 年	波斯帝国灭亡
前 323 年	亚历山大在巴比伦去世，由此产生继位之争
前 264—前 241 年	第一次布匿战争
前 218—前 201 年	第二次布匿战争
前 149—前 146 年	第三次布匿战争，迦太基被灭
前 63 年	盖乌斯·屋大维，即后来的奥古斯都出生
约前 63—前 12 年	马库斯·维普撒尼乌斯·阿格里帕
前 58—前 52 年	盖乌斯·尤利乌斯·恺撒占领高卢
前 44 年	恺撒被杀
前 36 年	阿格里帕率海军在米列和瑙洛库斯战胜塞克斯图斯·庞培
前 31 年	阿格里帕率领屋大维的海军取得阿克提姆海战胜利

前31—后14年	奥古斯都专政
9年	瓦卢斯在条顿堡林山战败
约375年	日耳曼人开始迁徙
476年	西罗马帝国结束

中世纪

481—511年	法兰克国王克洛维一世统治时期
622年	穆罕默德从麦加逃往麦地那
634—644年	阿拉伯帝国哈里发奥马尔一世统治时期
768—814年	查理大帝统治时期
790—1066年	维京时代
约975—1020年	莱夫·埃里克松
约1000年	莱夫·埃里克松成为第一个航海到达美洲的欧洲人
1096—1099年	第一次十字军东征，耶路撒冷被占领
1220—1250年	神圣罗马帝国皇帝腓特烈二世统治时期
1279年	元朝统一中国
1291年	十字军在圣地的最后一个据点阿卡古城沦陷
1370年	《施特拉尔松德条约》的签订标志着汉萨同盟的顶峰
约1371—1433年	郑和
1389—1398年	威塔利安兄弟同盟在波罗的海私掠船只
1397年	北欧三国建立卡尔马联盟
1398年	德意志条顿骑士团将威塔利安兄弟同盟驱逐出哥得兰岛
约1401年	克劳斯·施托特贝克被处以死刑
1405—1433年	中国的航海家和外交家郑和七次下西洋
1410年	波兰和立陶宛战胜德意志条顿骑士团

1415 年	葡萄牙占领休达，开始海外扩张
1453 年	奥斯曼帝国占领君士坦丁堡，拜占庭帝国灭亡
约 1451—1506 年	克里斯托弗·哥伦布
1466—1560 年	安德烈亚·多里亚
约 1480—1521 年	斐迪南·麦哲伦
约 1480—1530 年	苏伦·诺尔比

近代早期

1492 年	克里斯托弗·哥伦布发现美洲大陆
1494 年	西班牙和葡萄牙在《托德西拉斯条约》的基础上瓜分新世界
1519—1522 年	斐迪南·麦哲伦船队完成了人类第一次环球航行
1519—1556 年	神圣罗马帝国皇帝查理五世统治时期
1523 年	丹麦国王克里斯蒂安二世被驱逐，卡尔马联盟结束
1526 年	苏伦·诺尔比在波罗的海的私人舰队遭到破坏
1528 年	安德烈亚·多里亚把法国人驱逐出自己的家乡热那亚
1556—1598 年	西班牙国王腓力二世统治时期
1558—1603 年	英国女王伊丽莎白一世统治时期
1568—1648 年	八十年战争：荷兰摆脱西班牙的独立战争
1571 年	勒班陀海战中基督教联盟战胜了奥斯曼海军
1588 年	英国海军消灭了西班牙"无敌舰队"
1618—1648 年	三十年战争
1651—1854 年	在保护英国本土航海贸易的基础上，《航海法案》极大限制了其他国家与英国的外贸
1661—1715 年	法国国王路易十四统治时期
1682—1725 年	俄国沙皇彼得大帝统治时期

1688—1689 年	英国光荣革命
1700—1721 年	大北方战争：丹麦、俄国和萨克森－波兰联盟对抗瑞典
1701—1714 年	西班牙王位继承战争
1708—1754 年	哈克·沃鲁夫斯
1724—1735 年	哈克·沃鲁夫斯在北非被囚禁
1728—1779 年	詹姆斯·库克
1747—1792 年	约翰·保罗·琼斯
1754—1817 年	威廉·布莱
1756—1763 年	七年战争
1758—1805 年	霍雷肖·纳尔逊
1763—1806 年	皮埃尔·夏尔·维尔纳夫
1768—1771 年	詹姆斯·库克的第一次南太平洋航海探险
1769 年	詹姆斯·瓦特发明了蒸汽机
1772—1775 年	詹姆斯·库克的第二次南太平洋航海探险
1775—1783 年	美国独立战争
1775—1860 年	托马斯·科克伦，第十代邓唐纳德伯爵
1776—1780 年	詹姆斯·库克的第三次南太平洋航海探险
1779 年	约翰·保罗·琼斯缴获了英国战舰"西拉彼斯"号
1789 年	"邦蒂号"叛变，法国大革命
1797 年	霍雷肖·纳尔逊在圣文森特角海战中对战西班牙舰队；威廉·布莱在坎伯当战役中对阵荷兰海军；英国海军叛变
1798 年	霍雷肖·纳尔逊在阿布基尔战胜法国地中海舰队，拿破仑进军埃及计划落空

19 世纪

1801 年	威廉·布莱在纳尔逊勋爵指挥下奋战于哥本哈根战役
1804 年	拿破仑加冕称帝
1805 年	英国赢得特拉法尔加海战的胜利，纳尔逊阵亡；拿破仑取得奥斯特利茨战役胜利
1806 年	莱茵联邦建立，自 962 年就存在的神圣罗马帝国就此告终
1806 年	拿破仑对英国采取大陆封锁政策
1806—1810 年	威廉·布莱担任澳大利亚新南威尔士总督，但被反对他的将领赶下台
1812 年	拿破仑进军俄国失败
1813 年	德意志解放战争（反拿破仑战争）
1814 年	科克伦勋爵被英国皇家海军辞退
1814—1815 年	维也纳会议
1817—1823 年	科克伦勋爵担任智利海军总司令
1832 年	科克伦勋爵回到英国皇家海军
1837—1901 年	英国维多利亚时代
1841—1920 年	约翰·阿巴斯诺特·费舍尔
1848 年	德国三月革命
1853—1856 年	费舍尔参与克里米亚战争
1859 年	第一艘公海装甲战舰、法国"荣耀"号下海
1861—1865 年	南北战争（美国内战）
1862 年	奥托·冯·俾斯麦担任普鲁士的首相
1863—1928 年	赖因哈德·舍尔
1870—1871 年	普法战争，德意志帝国建立
1880—1916 年	约翰·基瑙（戈尔希·福克）
1882 年	费舍尔指挥"不屈"号参与英埃战争

1885—1971 年	约翰·托维
1887—1945 年	威廉·卡纳里斯
1890 年	俾斯麦下台
1892—1897 年	费舍尔担任英国海军部的第三海务大臣
1897—1899 年	费舍尔负责指挥西印度舰队
1898 年	美西战争，美国跃升为世界强国
1898 / 1900 年	第一次和第二次德意志帝国《海军法》颁布，德国海军开始扩充军备
1899 年	费舍尔在海牙参与第一次国际和平会议
1899—1901 年	费舍尔负责指挥地中海舰队

20 世纪

1902—1904 年	身为第二海务大臣的费舍尔对军官培训进行改革
1904、1907 年	英国分别和法国、俄国签订协约
1904—1910 年	身为第一海务大臣的费舍尔对皇家海军进行改革
1905 年	第一艘现代化战舰"无畏"号启航
1914—1918 年	第一次世界大战
1914 年	费舍尔再次担任第一海务大臣
1914 年	威廉·卡纳里斯在科罗内尔角和福克兰海战中参与对战英国舰队
1915 年	英国试图强行打通达达尼尔航路，最终失败；费舍尔辞去第一海务大臣职务
1916 年	在日德兰海战中，赖因哈德·舍尔上将指挥德国公海舰队，约翰·托维为英国主力舰队奋战
1917 年	威廉·卡纳里斯成为潜水艇指挥官
1917 年	俄国十月革命；美国加入第一次世界大战

1918 年	德国海军叛变，十一月革命爆发，德国在第一次世界大战中战败
1918—1933 年	魏玛共和国
1919 年	《凡尔赛条约》签订
1933 年	希特勒担任德国总理，纳粹独裁政权建立
1935 年	威廉·卡纳里斯担任国防军司令部外交和情报部门主任
1935 年	德国再次启用征兵制，英德订立海军合约，纽伦堡法案
1939 年	《苏德互不侵犯条约》签订，德军入侵波兰，第二次世界大战全面爆发
1940 年	海军上将约翰·托维参与英国和意大利之间的卡拉布里亚海战
1941 年	海军上将约翰·托维率领英国主力舰队击沉德国战舰"俾斯麦"号
1944 年	7 月 20 日刺杀希特勒行动失败后，威廉·卡纳里斯被捕
1945 年	威廉·卡纳里斯被处以死刑；德国国防军无条件投降

建议上架：畅销/历史

ISBN 978-7-5477-4335-5

9 787547 743355 > 定价：99.90元